Encontrar trabajo en 6 pasos

Miguel Brines

ISBN: 978-1539874362 / Reg. B-2514-16

Índice

Introducción	Pág. 5
Qué pasa cuando perdemos nuestro trabajo	Pág. 6
¿Y si eres tú el que quieres cambiar?	Pág. 10
Capítulo 1: El despertar a una nueva realidad	Pág. 13
Perder un trabajo	Pág. 14
Qué hacer con tu tiempo durante el desempleo	Pág. 20
¿Cuántos años tienes?	Pág. 23
Necesitas un plan	Pág. 28
Estar sin empleo no significa estar "parado"	Pág. 33
Capítulo 2: Yo, mí, me, conmigo	Pág. 37
El autoanálisis	Pág. 38
Las ilusiones llevan donde la mente no puede llegar	P 45
El objetivo	Pág. 48
¿Es posible un cambio radical?	Pág. 52
La opción del autoempleo	Pág. 55

Capítulo 3: Mi CV — Pág. 57

- Mirando al futuro — Pág. 58
- No hay nada obvio — Pág. 62
- Las palabras clave — Pág. 66
- La coherencia en el CV y en la vida — Pág. 69
- La carta de motivación — Pág. 74

Capítulo 4: Estudio de mercado y Estrategia — Pág. 77

- Que no te pueda la ansiedad — Pág. 78
- Cómo crear tu propio plan para encontrar trabajo — P 82
- Análisis DAFO en la estrategia — Pág. 85
- Un ejemplo de estrategia — Pág. 90

Capítulo 5: Networking o gestión de contactos — Pág. 93

- Cómo crear tu propia estrategia de contactos — Pág. 94
- La clave del networking: Ayudar a los demás — Pág 100
- Guía para acceder a gente interesante — Pág. 103
- Cómo usar las redes sociales — Pág. 110

Capítulo 6: La entrevista — Pág. 116

    La preparación de la entrevista — Pág. 117

    Puntos débiles — Pág. 123

    Cómo preparar una entrevista en una tarde — Pág. 128

    Cómo empezar bien una entrevista — Pág. 131

    Qué hacer con el ego durante la entrevista — Pág. 134

    Las preguntas difíciles — Pág. 138

    Típicos errores en la entrevista — Pág. 146

    Negociar tu salario en el proceso de selección — Pág. 148

Capítulo 7: Después de la entrevista — Pág. 152

    No eres tú — Pág. 153

    Sí eres tú: los primeros días en el trabajo — Pág. 157

Conclusiones — Pág. 159

Agradecimientos — Pág. 162

El autor — Pág. 164

Introducción

Estimado lector, estimada lectora:

Antes de adentrarte en el misterioso mundo de la búsqueda de empleo debes ser advertido de tus derechos: "tienes derecho a decir la verdad y solamente la verdad, a demostrar toda tu valía en la búsqueda de empleo y, en algún caso, a preferir una actitud pasiva en las entrevistas pero, de cualquier modo, todo aquello que digas podrá ser usado en tu contra". Con esta advertencia empiezo siempre mis talleres de asesoramiento laboral.

También debo advertirte de que te conviene olvidarte de todo lo negativo, en especial, de la autocomplacencia, y sacar una actitud firme y decidida para encontrar un empleo o cambiar a uno mejor. Si no haces esto, nada de lo que leas a continuación te servirá.

Entiendo que si has comprado este libro es porque dentro de ti hay una necesidad de cambio. Suelo tener muy a menudo esa sensación. La llamo "sensación de mejora continua". Porque los cambios planificados son fantásticos y porque a mí me gusta retar a la vida a que me dé cosas nuevas. La mayoría de mis conocimientos y mi experiencia en la búsqueda de empleo proviene de haber vivido varias deslocalizaciones y crisis en la industria y haberme visto obligado a "buscarme la vida". Espero poder traspasarte aquí este conocimiento y esta experiencia.

Hoy en día es muy fácil perder un trabajo. Y lo será más en el futuro. Por eso, debemos estar preparados para una sociedad muy cambiante, con ciclos económicos, cada vez, más cortos y agudos; Una sociedad en la que los que se adapten mejor obtendrán un mayor rendimiento en su carrera profesional.

Los cambios de empleo, así pues, serán cada vez más habituales, tanto por decisión de la empresa, como del trabajador. Por eso, me gustaría darte unas pautas de actuación, no solo para la pérdida de empleo, sino también, para los cambios motivacionales, es decir, para cuando tú quieras cambiar.

Qué pasa cuando perdemos nuestro trabajo.

Normalmente pensamos que se pierde una parte de nosotros, pero no es así: ¡evolucionamos! Y, casi siempre, cambiamos a mejor, como trataré de demostrarte. Conozco a mucha gente a la que le ha ido de maravilla perder un trabajo porque, o bien estaban muy encasillados, o bien se vieron obligados a buscarse la vida y descubrieron talentos nuevos que no sospechaban. Por ejemplo, mi amigo Josep, del que te hablaré más adelante. Para él, como para muchos, perder un trabajo fue el trampolín que necesitaba para cambiar de rumbo y alcanzar el éxito.

Para empezar, si pierdes tu trabajo no debes culpabilizarte, sino aprender la lección, ver qué hiciste mal (si lo hiciste) y cómo afrontarías de nuevo una situación parecida. Pero nunca culpabilizarte. ¡Y te lo dice una persona con tendencia a "machacarse por los errores"! Lo que pasa es que con la edad he aprendido a relativizar, a aceptar que no se puede cambiar el pasado y a dar importancia al aquí y ahora, y, sobre todo, al futuro. El pasado es lo que es porque nos lleva al futuro. Aceptemos la realidad que nos llega. La vida sigue después de todo.

Más aún, si pierdes un trabajo piensa que a lo mejor es el momento de reestructurar tu vida. Tal vez sea una serendipia, el encuentro accidental de algo bueno sin estar buscándolo. Yo lo veo así y me gustaría, si es tu caso, que te esfuerces por verlo así también. Es el momento de empezar de cero, y eso tiene su parte buena.

Así que es momento de sentarse a reflexionar sobre los siguientes pasos y de preparar una buena hoja de ruta hacia el éxito. ¡Ah!, y de disfrutar del aquí y ahora. Sobre todo, mira hacia adelante, nunca hacia atrás. Agatha Christie lo dijo así: "Aprendí que no se puede dar marcha atrás, que la esencia de la vida es ir hacia adelante. En realidad, la vida es una calle de sentido único".

Creo en el éxito como una evolución natural y al alcance de cualquiera, en cualquier nivel profesional. Al igual que la protagonista femenina de la película *American Beauty*, (¡fantástica interpretación de Annette Bening!), creo en el éxito basado en la constancia y el trabajo. ¿Y qué mejor oportunidad que un parón para rediseñar el futuro de tu carrera profesional?

Si todavía te quedan días por trabajar en tu empleo actual (hay que ser profesional hasta el último día, no ya solo por la empresa, sino por nuestra propia dignidad), aprovecha para despedirte de los compañeros y compañeras. Intenta dejar todos los temas cerrados. Que quede un buen legado de tu paso por la empresa. Recomiendo fervientemente acabar esa experiencia de una forma limpia y elegante. Eso sí, sin empezar actividades nuevas que puedan luego quedar a medias.

Leí hace poco que nunca más estaremos ligados a las empresas, sino a nuestras agendas de contactos, y que deberíamos cuidar esos contactos el resto de nuestra carrera profesional. Y estoy completamente de acuerdo. Tus actuales compañeros de trabajo pueden ser futuros compañeros de viaje laboral, por eso es importante llevarte su contacto y su número de teléfono en tu agenda.

También es enriquecedor, ahora que sabes que abandonas el barco, quitarte la careta que normalmente va con cualquier puesto de trabajo y dar las gracias a todos los colaboradores con los que has trabajado. Es importante cerrar las etapas bien y dejar un buen sabor de boca y un buen recuerdo.

Cuando cerraron las oficinas donde trabajábamos, un compañero mío pasó por cada puesto de trabajo a despedirse y nos dijo una cosa buena a cada uno de nosotros de nuestro trabajo, de nuestra forma de ser, etc. O sea, algo que valoraba de cada uno de nosotros. Por tanto, NO te quedes con lo malo: es un momento para la empatía y para guardar el contacto.

El periodo entre que recibes la notificación (o tú notificas tu baja a la empresa) y dejas definitivamente tu puesto suele ser difícil. Pueden emerger tensiones ocultas durante tiempo. Evita estas situaciones e intenta no llevarte un mal recuerdo del final, que este recuerdo te acompañará un tiempo hasta la desconexión.

La clave, en esos momentos difíciles, es mantener la calma y ser lo más positivo posible. Si es necesario y estás tenso, sal a pasear antes de una reunión, pero no saltes ni respondas a provocaciones. Para los pensamientos negativos de forma drástica. Me acuerdo de un compañero, Raphael, que al despedirse del trabajo envió un "e-mail bomba" acusando a varias personas indirectamente de la situación de la empresa y de su despido, y criticando ciertas prácticas de la empresa. ¿De qué sirve criticar si te vas y antes no has sido lo suficientemente valiente como para decirlas cara a cara y de forma constructiva para mejorar la empresa? Y peor aún, ¿quieres que te recuerden por tu "e-mail bomba" o que hablen mal de ti cuando les llamen tus futuros reclutadores? Piensa las cosas antes de hacerlas. A Raphael le costó encontrar trabajo y sospecho que aquel *email* tuvo mucho que ver. Al final, el mundo es un pañuelo y tú eres parte de ese pañuelo.

Ir todos los días a trabajar en condiciones críticas requiere mucho esfuerzo mental. Es muy difícil, lo sé. Lo he vivido y lo veo todos los días en la gente a la que ayudo a mejorar sus carreras. Pero intento calmarles diciéndoles: "¿Estaríais así si supierais que en dos o tres meses estaréis trabajando? ¿O, por el contrario, estaríais disfrutando del momento y aprendiendo de las circunstancias?" Y es que sufrir si sabes que vas a encontrar trabajo es absurdo. Y vas a encontrarlo. Te lo digo yo.

Lo que debes hacer en esta situación de salida es mantener al máximo posible una buena relación y una comunicación fluida con tu empleador. Añade a esto el preparar un emotivo *email* de despedida agradeciendo todo lo aprendido a los ex colegas y jefes, aunque procurando mantener la cabeza fría para no meter la pata. Y a ser posible, que alguien de dirección (cuanto más arriba mejor) te firme una buena carta de recomendación, pues eso representa un agradecimiento por parte de la empresa. Y ya está. Ahora es tiempo de empezar un proyecto nuevo.

¿Y si eres tú el que quiere cambiar?

Tengo un amigo, Erik, que lleva casi doce años en el mismo trabajo. Su puesto ha cambiado de nombre tres veces, pero sigue en el mismo sitio. No para de quejarse, a menudo con razón, pero no solo por una cuestión de dinero, sino de falta de valoración. Siempre se queja de la forma en que lo tratan, de la falta de recompensas materiales/verbales, de la falta de compañerismo, etc. Mi amigo es muy buena gente, pero es incapaz de lanzarse a la piscina, por más que yo le animo. He conseguido que cambie algunas cosas, pero veo claramente que en su trabajo no será feliz (y le aprecio mucho y quiero que sea feliz). Así que sigo animándole a cambiar. Una vez me ofrecí a revisarle el CV, y después él me pidió que le revisara el Linkedin. Estamos ya a punto de dar el salto a la búsqueda, pero él ha de sentirse seguro. Si no, no funcionará.

Cambiar de empleo cuando ya tienes uno es casi más difícil que buscar desde el paro, ya que requiere una activación, un *click*. No solo hay que vencer la inseguridad y el miedo al cambio que todos tenemos en algún grado, mayor o menor, sino que también hay que tomar la iniciativa.

A menudo, como en el caso de mi amigo Erik, hay una queja, un lamento, una insatisfacción, una situación difícil que colma el vaso. Todos pasamos por momentos de ese tipo. En caliente cambiaríamos de trabajo ya, pero al día siguiente se nos ha pasado y volvemos a la rutina (con más o menos ilusión, dependiendo del caso), incluso, sabiendo que el trabajo no da más de sí, que hemos tocado techo dentro de la empresa, ya sea porque no nos dejan crecer o porque el día a día repetitivo ha matado nuestra ambición. A veces pecamos de exceso de paciencia, o visto de otra forma, de falta de planificación de la carrera profesional.

El ser humano tiene etapas y cada uno tiene las suyas. Si juntamos esto con las etapas del mundo laboral, entramos a veces en contradicciones, porque el ciclo de la empresa no es el nuestro y somos redundantes, o bien porque nuestro ciclo no encaja con el de la empresa y debemos salir lo antes posible para evitar el *burn out*. Lo mejor para evitar esto es tener un plan de carrera profesional e ir ejecutándolo.

¡Así que pasemos a la acción!

Capítulo 1: El despertar a una nueva realidad

Perder un trabajo

Vamos a acercarnos en este capítulo a la realidad del desempleo. Tanto si te han despedido como si has dejado tú el último trabajo, tienes una fantástica oportunidad para rediseñar tu carrera profesional. Eres una persona privilegiada, pues la mayoría de gente no tiene la oportunidad de rediseñar, reconsiderar, reflexionar, *reloquesea* y poder realizar los cambios que te puedan permitir dar un salto cualitativo en tu carrera.

No te negaré que perder un trabajo es algo muy traumático, especialmente, para los que tenemos una altísima orientación hacia el esfuerzo y la superación.

Mi padre fue una persona hecha a sí misma, alguien en quien siempre me veo reflejado, un referente para mí. Él venía de una generación que pasó mucha hambre después de la Guerra Civil. Era pobre y tuvo que trabajar el doble que cualquiera para llegar a donde llegó, que fue muy lejos, en mi opinión. Se esmeró en educarnos en la cultura del esfuerzo y del afán de superación. Él provenía de entornos de agricultores, gente muy trabajadora, y eso se podía apreciar en nuestra casa. Mi padre me hacía trabajar duro en nuestra casa de campo en verano, independientemente de las notas que sacase, desde pequeño. Y cuando digo pequeño quiero decir *muy* pequeño. Sin embargo, nunca podré agradecerle lo suficiente la cultura del esfuerzo que me traspasó. Por eso, perder un trabajo es para mí un golpe al corazón. Y lo es siempre, aunque con la edad lo sepa llevar mejor. Por eso puedo entenderte si estás mal, porque yo lo he estado cuando he perdido un trabajo. Somos humanos y por ello sufrimos (aunque hay que sufrir lo justo).

Recuerdo, especialmente, la primera vez. Trabajaba en una gran fábrica e hicieron una reestructuración. Tenía un contrato temporal de seis meses. Mi jefe me dijo que lucharía para salvar mi puesto, pero que no podía garantizarme nada. Todavía me acuerdo de él, aún le aprecio y estoy seguro de que luchó por mí. Pero, ¿quién puede justificar pasar a contrato fijo a un trabajador con un contrato de seis meses en medio de un despido masivo?

Para mí fue el fin del mundo. De repente me vi sin futuro. Iba a trabajar angustiado y con mucha ansiedad. Para un joven de 25 años sin mucha experiencia en el mundo laboral, que se comía el mundo, que tenía tantas ganas y al que le gustaba su trabajo, aquello era el fin.

Trabajé todos los días hasta el final. Lo di todo, luché por mi trabajo como el primer día, aún a sabiendas de que se acababa. Afortunadamente, y a pesar del golpe, mantuve intacta la fuerza de voluntad (esa fuerza de voluntad que te puede llevar a sitios insospechados). Empecé a dedicar los sábados a la búsqueda de empleo y envié entre 200 y 300 CV a las mejores empresas del sector industrial (O sea, entre 200 y 300 cartas, con sus fotocopias, sus fotos recortadas y pegadas con pegamento de barra, etc.: no había *email* en aquel entonces). Sabía que la única solución para salir del hoyo en que me estaba metiendo era ponerle ganas y buena cara al mal tiempo. Nadie iba a hacerlo por mí.

Finalmente los sindicatos llegaron a un acuerdo con la empresa y fue imposible renovar ningún contrato temporal. Ahí acabó mi paso por aquella fábrica, pero, de no ser por aquello, no habría empezado una nueva carrera profesional de más de 16 años en mi amado mundo de la automoción. La fábrica terminó cerrando dos o tres años después, con lo cual me habría encontrado con la misma situación más adelante. La vida es así y debemos intentar aceptar las cosas como son. En aquel momento me costó mucho; hoy lo vería todo diferente.

Tardé aún tres meses en encontrar un nuevo trabajo, pero como los grandes tenistas peleé todos los puntos, o sea, todas las entrevistas. Nadie me dio nada. Me compré un buen traje con el pequeño finiquito y empecé a viajar a Madrid y a Barcelona pagando yo los viajes. Cuando volvía agotado de las entrevistas, con el bajón que siente el tenista al acabar un partido, me ponía música vital y dinámica si había ido bien la entrevista, o suave y lenta (que me inspirase compasión), si no había ido bien. Hasta que un día hice una entrevista maravillosa en Rubí (Barcelona) y encontré mi primer trabajo en el sector de la automoción. Y me relajé.

Es agotador buscar trabajo, lo sé, sobre todo cuando se mezclan sentimientos negativos de tu anterior trabajo. Puedo entenderte porque he vivido todos los sentimientos que puedas tener: frustración, dolor, impotencia, ansiedad... Todos los días me miraba en el espejo y me decía: "Ahora no puedes, Miguel, no puedes tener pena de ti mismo. Nadie va a coger a una persona por pena. Anímate, que tú puedes". O sea, al más puro estilo Annette Bening en *American Beauty*.

Hay que luchar por salir de estas situaciones, pues te atrapan y te impiden evolucionar. Yo pude, y si yo pude, tú puedes. Hay que resistir: a cada entrevista mala, enviar diez CV más; a cada pregunta difícil en una entrevista, una sonrisa y una buena respuesta. Y el resto va solo. No pierdas la autoestima por no tener trabajo. En los momentos más difíciles de tu vida, camina con la cabeza más alta que nunca.

El deporte es mi válvula de escape, especialmente la natación. En una piscina soy feliz. Me reto siempre a mí mismo y de paso, es algo que me ayuda a superar mis varios problemas de espalda. Durante mi vida, siempre he salido de los momentos malos con positivismo y deporte. Es más, aplico los valores del deporte a todo, en especial a temas laborales. Por ejemplo, el compañerismo, el afán de superación y disfrutar en todo lo que hagas.

Si estás en etapa de desempleo o en momentos de nerviosismo, te recomiendo caminar, pasear, correr o ir al gimnasio o la piscina. Ayuda muchísimo a sentirse bien con uno mismo. Un profesor de natación que tuve me explicaba siempre que el espíritu de los grandes deportistas se basa en "los cinco minutos más". Esa piscina más. Ese "voy a superarme". Aplicado a la vida, eso te permite llegar donde quieras llegar. Si hoy has enviado 3 CVs, mañana envía 5, por ejemplo. Y si necesitas motivación, basta con ver vídeos de las olimpiadas. Cualquiera de ellas. Están llenas de casos de superación personal y de atletas que disfrutan en la competición.

También puedes escuchar música. Yo escucho mucha música. La música me acompaña siempre porque hace que me sienta libre y me relaja y me abstrae. Me sirve en cualquier estado de ánimo. Los grandes genios de la música son siempre mi inspiración. Te pongo de ejemplo a los grandes de los ochenta, Madonna, David Bowie, Prince, por citar algunos; los admiro no solo por su música, sino por su carrera. Ellos pasaron, como tú o yo, momentos en que su carrera no despegaba y editaron discos buenísimos que no triunfaron. Todos pasaron por trabajos "trampolín", pero todos tenían también una alta dosis de determinación y creían en ellos mismos y en su propio talento. Y arriesgaron. Hay que arriesgar en la vida para después poder triunfar. Aunque como en el deporte, el premio es participar. Pero si hay reconocimiento, pues mucho mejor.

Si no eres de escuchar música, tienes el arte y la cultura en general. Yo tengo la maravillosa suerte de que mi padre era músico y mi madre es pintora. Lee. En mi casa siempre hemos tenido arte, música y libros, muchos libros por todas partes. Solo tenías que ir a una estantería, coger un libro y leer. Muchos veranos, de adolescente, cuando iba a mi casa de campo y no tenía apenas amigos, leía en medio del campo. Los libros, el campo y yo. Una combinación ideal. Cada día leía un libro nuevo, una nueva aventura con un nuevo personaje, y dejaba correr la imaginación. La lectura libera la mente y te da ideas para afrontar la vida. Empatiza con lo que leas, vívelo. Es genial poder ver otros puntos de vista sobre el mundo.

Qué hacer con tu tiempo durante el desempleo

Ahora que tenemos todo el tiempo del mundo, ¿cogemos vacaciones o empezamos a buscar? ¿Nos vamos a Bali o nos quedamos en nuestra ciudad?

Tengo amigos que después de situaciones estresantes y complicadas y años duros de trabajo se han tomado una buena época de descanso. En algunos casos, incluso, por recomendación médica. Separarse de una empresa es lo más parecido a un divorcio. Mucha gente tiene pesadillas después de dejar un trabajo. A mí me pasó. Recuerdo sueños recurrentes sobre situaciones laborales. Organizaba en sueños la jornada siguiente, mandaba a todos, revisaba los informes y me despertaba desconcertado. En reuniones sociales solía referirme a mi anterior empresa como "nosotros" o "mi empresa". Afortunadamente, solo fue una época, que acabó cuando conseguí un nuevo empleo y me adapté bien a la nueva empresa.

En mi caso, no suelo permitirme mucho tiempo entre etapas profesionales, ya que pienso que siempre tendré tiempo durante el fin de semana para mis *hobbies* o para hacer una escapada. Aunque una vez, mientras esperaba un nuevo empleo, pasé unos meses muy entretenidos y divertidos en Berlín, una experiencia muy divertida donde perfeccioné mi alemán y además pasé mucho frío. Estas experiencias vitales entre trabajos pueden ser grandes aprendizajes en la vida. No descartes nada. Vive la vida tal como te venga. De vez en cuando hay que permitirse esos momentos, pero incluso en ellos puedes aprovechar para no perder el contacto con el mundo laboral, guardando tiempo para la búsqueda de empleo.

Mi amiga Tere, una gran luchadora en la vida, una auténtica campeona de medalla, pasó una temporada en Bali y Asia después de una etapa laboral muy intensa, incluyendo tres años de expatriación. Durante aquel tiempo no solo se recuperó, sino que inició una nueva etapa personal que le hicieron una persona mucho más sabia. Las expatriaciones suelen ser momentos de mucha tensión interior debido al impacto y la inmersión en otra cultura, a lo que hay que sumar las jornadas laborales inacabables, pues, por lo general, se trata de puestos de alto nivel. Por ello, mucha gente necesita luego un "recovery and decompressing time".

Volvamos al tema de cómo nos tomamos las cosas o cómo vivimos los momentos. Tienes por delante unos meses para la búsqueda de empleo. Te conviene no centrarte solo en el tema laboral, sino también abarcar facetas personales que tienes pendientes o que simplemente te gusten. Recuerdo que hace tres años me animaron a empezar un *blog* dónde escribir sobre los temas que me motivasen y gustasen, y fue el comienzo de este libro. Se trata de mantener la motivación en temas que te aporten, *hobbies* y actividades como colaboraciones con asociaciones, pero sin desviarte del todo de la búsqueda. Conozco casos de personas que se han concentrado demasiado en sus *hobbies* y eso ha dado lugar a que se alargase el proceso de búsqueda.

Cuando he tratado de ayudar a personas en situación de desempleo de larga duración, me he dado cuenta de lo fácil que es perder el foco, el objetivo, y acabar con un vacío de dos años en el CV. Esto es aplicable a todo tipo de profesiones y puestos. El tiempo nunca se pierde, pero el mercado difícilmente entenderá que hayas pasado más de un año de alejamiento del mercado laboral sin actividad y/o sin una explicación consistente. Mi consejo en este caso es fomentar especialmente los *hobbies* relacionados con el trabajo o que puedan sumar a tu CV, no restar.

Sé que planificar el futuro crea ansiedad y miedo, pero respira hondo. La buena noticia es que se trata de un proceso limitado en el tiempo. Si sigues una buena estrategia, en unos meses como máximo encontrarás trabajo. Piensa mejor dónde quieres estar dentro de seis meses, de un año o de un par de años. Saca a pasear todas tus ilusiones y tus sueños. Eso nadie te lo puede quitar.

¿Cuántos años tienes?

A veces escucho en tono jovial en cenas y comidas, la frase de "tengo la crisis de los...", y a continuación 30, 40 o 50, según el caso. Para mí, la crisis de los 30 es cuando la fiesta se acaba y nos ponemos serios. La de los 40 cuando piensas: "Dios mío, he dedicado mi vida a estudiar y trabajar duro y me he alejado de lo que me gusta". La de los 50 es más cuando sientes que el barco va para abajo y quieres recuperar el tiempo perdido y disfrutar como cuando eras joven. Detrás de un cambio de empleo o una búsqueda hay a menudo un momento personal de crisis, envuelta en la explicación filosófica que cada uno se da.

Es muy difícil en esos momentos discernir entre la parte de los sentimientos que podríamos llamar "lícita", adecuada, y la parte que corresponde a la simple queja, un dejarse llevar demasiado. Evidentemente, en este libro no se encuentra la respuesta. Lo que sí te puedo decir es que más adelante, cuando te centres en el objetivo y la estrategia, no debes perder el norte de tu carrera profesional y tener claro de dónde vienes y hacia dónde vas. La vida es cambiante, claro, y uno se puede permitir licencias y puede variar los objetivos, pero es mucho más fácil encontrar trabajo (y, sobre todo, el trabajo adecuado) cuando uno se mantiene enfocado en un objetivo claro y es fiel a sí mismo.

Ni que decir tiene que a medida que nos hacemos mayores es más difícil o lleva más tiempo encontrar un trabajo. Evidentemente se pueden hacer excepciones, pero en general es así. Existen dificultades relacionadas con la edad, entre ellas que te descarten de ciertas posiciones por tener "excesiva experiencia" o considerarte "sobrecualificado". Algunas empresas también son reticentes a coger a alguien de cierta edad porque creen que la gente coge malos hábitos con la edad o tienen un carácter menos maleables que los jóvenes. En cualquier caso, no debemos permitir que la edad nos limite para nada en nuestra búsqueda de empleo.

Personalmente, creo que los trabajos no tienen edad. El mejor ejemplo de ello es mi amigo Agustí, que durante muchos años fue también mi jefe funcional y que después de los 60 está mucho más fresco mentalmente que dos o tres como yo. Hace deporte todos los días, se mantiene física y mentalmente muy activo y sigue trabajando duro todos los días a pesar de que podría estar tranquilamente prejubilado y cuidando de las plantas. Lo mejor es que, además, es muy buena persona y le admiro mucho.

A Agustí le costó encontrar trabajo después de cerrar nuestras oficinas, pero lo encontró, y su perseverancia es digna de elogio. Incluso, aprovechó la búsqueda para probar otras profesiones, como la docencia y, sobre todo, disfrutó de ese periodo con tranquilidad. Él sabía que su perseverancia le llevaría a encontrar trabajo pronto, y lo hizo en pocos meses.

RESUMEN:

Te recomiendo un periodo de reflexión al acabar un empleo, el que necesites hasta tener claro tu próximo objetivo. Un objetivo erróneo te llevara por un camino erróneo. Elige tu propio camino y tu propia velocidad manteniéndote fiel a ti mism@. Ir demasiado rápido te provocará estrés, y demasiado lento, ansiedad. Escucha a tu "yo interior" siempre.

Es importante en esta fase superar experiencias negativas y no quedarse estancado más tiempo que el necesario para el "luto".

EJERCICIO: Buscando el Nautilus

Antes de pasar al siguiente capítulo hagamos un ejercicio. Pon luz tenue en tu habitación. Música suave, la más relajante que tengas a mano. Cierra los ojos y respira hondo. Imagínate el mar azul. Imagínate que estás nadando suavemente en el mar, que no ves nada más que agua. Poco a poco te sumerges, vas bajando y acercándote al fondo. El agua adopta un tono más oscuro y ves en el fondo las algas moviéndose de forma relajante. Hay algas de diferentes colores y peces de varios tipos, algunos más llamativos y otros menos, deambulando a tu alrededor. Ves un barco hundido antiguo. Está lejos, pero es grande. Te llama la atención porque está lleno de corales de varias tonalidades granate. Acaba de pasar un pulpo a tu lado, al parecer está interesado en conocerte. Sigues al pulpo, que va directo al barco, e interaccionas con otros peces por el camino. Llegas al barco, curioseas y descubres que alberga un tesoro. ¡Vaya sorpresa! ¡Es un precioso barco fenicio hundido y tienes un cofre con monedas de oro del siglo I a. de C.!

Con el sentimiento de aventura que ahora te invade vas a adentrarte en la búsqueda de empleo. Empezarás a ver todos los matices del mar (mercado laboral), que solo se pueden apreciar cuando te sumerges, no cuando nadas en la superficie. Vas a profundizar y conocer los medios de búsqueda (los peces y el pulpo) hasta que llegues al barco escondido en el fondo (la empresa) y obtengas tu tesoro (tu nuevo puesto de trabajo). Tienes que aguantar y dosificar la energía, o sea, hacer con las aletas los movimientos adecuados en dirección al barco. Y no debes olvidarte de disfrutar de cada momento del viaje. Eso sí, ten en cuenta con no va a venir un pulpo a buscarte y que los peces son muy escurridizos.

Necesitas un plan

La primera y más importante pregunta que debes hacerte es: ¿tengo suficiente estabilidad financiera? ¿Cuánto tiempo puedo aguantar sin ingresos? Porque la realidad muerde, y muerde fuerte. Y porque si puedes evitar que te muerda, mucho mejor. He conocido a grandes ejecutivos que por orgullo no han aceptado puestos de inferior categoría y han acabado con problemas económicos (y desesperados por encontrar cualquier trabajo). Al revés, también he visto gente de recursos limitados en situación límite, sin poder pagar el metro para ir a entrevistas. Buscar trabajo tiene unos gastos asociados mínimos. Hay que prevenir lo que se nos viene encima, a nivel económico.

No se puede planificar una carrera profesional sin asociarla a un plan de ingresos. Debes evitar que el dinero se te vaya antes de tiempo, por lo que recomiendo ajustar la intensidad de la búsqueda y el objetivo, en función de tus finanzas.

Recuerdo lo doloroso que fue volver a casa de mis padres cuando vivía en Valencia y perdí un trabajo, pero fue parte de la estrategia para concentrar mis esfuerzos económicos en pagarme viajes a Madrid y Barcelona. En los noventa, las empresas no pagaban los viajes para las entrevistas (ahora es habitual que lo hagan). Suerte que tengo una familia que no me merezco y me recibieron con los brazos abiertos. Pero me costó mucho adaptarme, pues estaba acostumbrado a vivir fuera de casa.

Aprovecho este libro para agradecer a mi madre su paciencia y su capacidad de adaptación a mis numerosos cambios. Debe ser difícil tener un hijo que viaja constantemente por el mundo o que cada tres o cuatro años cambia de país buscando una oportunidad mejor. Todas las personas que conozco que se han centrado mucho en su carrera profesional han tenido que cambiar de ciudad y/o país en algún momento. Esto no es dogma, pero lo cierto es que el tesoro del barco hundido puede estar en cualquier océano.

Volviendo al tema: en caso de encontrarte con urgentes necesidades económicas sería interesante y lógico, encontrar un trabajo rápido, independientemente del nivel y del perfil (es decir, allí donde tengamos ventaja competitiva y rápido acceso). Siempre que doy este consejo a alguien le cambia inmediatamente la cara, pues choca de lleno con el orgullo personal. Sin embargo, en la vida no hay blanco o negro, sino el gris de nuestra propia realidad. He visto a gente saltar de un trabajo a otro, utilizarlos como trampolín y llegar a la meta. Pero también he visto a gente esperar mucho tiempo hasta que han encontrado el trabajo que estaban buscando para acabar con un trabajo de grado inferior. Realmente es como encontrar pareja: se puede ir despacio hasta encontrar LA PAREJA o ir probando con parejas relativamente afines y aprender con ellas durante el camino. Tal cual.

Si apremian las necesidades económicas podemos trazar un plan hacia un objetivo pasando por un trabajo intermedio. Seamos fríos por un momento, planifiquemos las emergencias. Podemos tener un plan A para ya mismo, un plan B para el medio plazo y un plan C a un año vista, por ejemplo. Esto podría ser así:

Plan A: Buscamos inmediatamente un trabajo en el mismo sector. Puede ser un trabajo de más bajo nivel o cualificación para nuestra experiencia, pero quizás nos sirva como trampolín para B o C. Y como me dijo una vez mi amiga Diana: "Miguel, no hay trabajos menos cualificados, es la motivación lo que te hace trabajar bien".

Plan B: Buscamos luego un trabajo intermedio (esta fase se puede suprimir si se está cerca del objetivo final). Idealmente es para gente en búsqueda radical (cambio de posición y sector) o gente buscando acercarse a otra profesión (por ejemplo, un cambio de publicidad a comunicación requerirá un trabajo intermedio entre ambos).

Plan C: Buscar el trabajo deseado

La regla es que no hay reglas, salvo que conviene no lanzarse al abismo sin un buen plan. Quiero decir que escojas A, B o C, pero con la consciencia de tu propia realidad y evaluando las dificultades que cada opción conlleva.

Aunque hay que ser realista, también te animo a no abandonar tus sueños. Yo he procurado mantenerlos siempre vivos porque me parece algo muy importante, y me gustaría que tú hicieras lo mismo. Hay que ir a buscar lo que de verdad nos gusta y sabemos hacer bien, saltando los obstáculos eventuales que nos encontremos por el camino. Una de mis frases favoritas es: "Hay que pedirle más a la vida". NO cedas en tus sueños. Te costará más o menos tiempo llegar, dependiendo del esfuerzo y de tus aptitudes, pero si luchas, llegarás.

Me gustan las metas y superarme a mí mismo. A pesar de tener una hernia discal, en cierta ocasión me propuse correr la media maratón de Amberes (por entonces vivía en Bélgica). Siempre me ha gustado correr, pero los médicos me lo habían prohibido hacía años. Aun así, me entrené y llegué a la meta. Después de eso no me dio por correr maratones, simplemente, llegué donde quería llegar y me quedé tranquilo. Nadie me puede quitar la satisfacción de aquel último kilómetro bajo la lluvia y después de un túnel con pendiente. Las piernas casi no me respondían, pero nos animamos y aplaudimos unos a otros, conocidos y desconocidos, y conseguí llegar. Aquel compañerismo fue uno de los momentos más mágicos de mi vida. Me sentí orgulloso de mí mismo. Como te sentirás tú el primer día de tu próximo trabajo, el primer día sentado en el sillón de tu próximo gran puesto de *manager* o cuando en la primera teleconferencia te presentes como director regional.

CONSEJO

Comparte tu plan con tus amigos y tu familia, e invítalos a que te den su punto de vista. Argumenta bien el tuyo: "Yo quiero ser... Porque... Para poder...". Tener los "pros" y los "contras" es casi obligatorio a la hora de tomar decisiones. La familia y los amigos siempre acercan la realidad personal a nuestros sueños. Y entre ambos puntos de vista pulimos o depuramos el sueño.

Si no te ves capaz de discernir por la confusión del momento, o si sabes qué quieres pero no el cómo conseguirlo o cómo expresarlo, quizás sea interesante pedir ayuda profesional a un coach o asesor laboral que te pueda guiar y ayudar en el proceso de decisión, o bien que te aporte la información que necesitas para tomar decisiones. Incluso, te puede ayudar en todo el proceso de búsqueda.

Estar sin empleo no es estar "parado"

Es un hecho corroborado que cuanto más tiempo se está fuera del mercado laboral es más difícil encontrar trabajo. No solo porque el positivismo y la actitud hacia el mercado decrece (al mismo ritmo que la autoestima), sino porque aumenta la obsolescencia. ¿Y cómo se puede luchar contra la obsolescencia? Realizando múltiples actividades, porque la actividad genera actividad (lo tengo comprobado con parados de larga duración). No es ya aquello tan usado de "buscar trabajo es un trabajo", sino más que eso: mentalizarse de que "mi vida es un trabajo" y "yo soy un trabajo". Debemos mentalizarnos de que estamos actualmente trabajando y nuestro trabajo somos nosotros mismos. Y a partir de ahí generar actividades relacionadas con la búsqueda de empleo.

Haz una agenda semanal con unos horarios estrictos de, por ejemplo, seis horas diarias dedicadas a la búsqueda de empleo. Añade actividades deportivas o lúdicas. Hasta aquí sería una búsqueda de empleo estándar, pero pienso que hay que ir más lejos, acercarse más a lo laboral desde dentro e intentar mantener la interacción laboral. Por ejemplo, colabora en asociaciones sin ánimo de lucro o ayuda a compañeros o amigos unas horas a la semana. Trabaja gratis si es necesario, ya que estás invirtiendo en ti mismo y no tienes nada que perder, sino mucho que ganar. Cambia la mentalidad y verás como esto se proyecta en tus entrevistas.

Puede que tanta actividad sea agotadora. Habrá días en que te costará levantarte, tanto si estás en situación de desempleo como insatisfecho en tu trabajo actual. No pasa nada. Tal vez pienses: "Me he fallado a mí mismo". Lo sé porque con mi nivel de auto-exigencia puedo ser muy duro conmigo mismo. Pero con el paso de los años he aprendido a perdonarme estos deslices. No pasa nada si un día te saltas la dieta o vuelves a fumar, mientras sea solo un día y mañana te levantes y le pongas más esfuerzo que nunca (a la búsqueda de empleo, a la dieta o a lo que sea). Es decir, mientras no pierdas de vista el objetivo final y el tiempo que te queda para llegar hasta allí. Y mientras no olvides que la autodisciplina es importante y que no hay mucho margen para la dejadez, pues el tiempo no juega a nuestro favor.

Una de las formas de mantenerse activo es el voluntariado. Seguramente ya te habrán dicho que hacer voluntariado incrementa automáticamente tu marca personal. Es cierto, pero no lo hagas por *branding*. Por supuesto, todo el mundo escuchará tus historias sobre voluntariado y obtendrás cierto reconocimiento. Pero hacer voluntariado es otra cosa: es creer, creer que las cosas pueden ser diferentes, que hay otro mundo posible. Hay que creer que podemos ser útiles a los demás. Aunque hagas voluntariado para sentirte útil, lo mejor será ver cómo la gente a la que ayudas mejora algo en sus vidas gracias a ti. Te aportará autoestima y crecimiento personal.

Soy de los que piensan que el mundo puede ser un lugar mejor si nos ponemos de acuerdo y respetamos a los demás, con independencia de su razas, sexualidad, religión o nacionalidad. ¿Te imaginas lo que debe sentir un bombero voluntario en los mares de Grecia cuando salva la vida de un refugiado? ¿Te imaginas sentir todos los días ese nivel de orgullo de ti mismo?

RESUMEN

Compaginar la búsqueda de empleo y el voluntariado es una buena opción. Estar desempleado no impide ayudar a los demás. Además, sentirte orgulloso de ti mismo es muy necesario. Lo mismo aplica a la gente que está en situaciones laborales difíciles, a los que quieren salir de un trabajo y no pueden, a los que están "quemados".

Hay que estar orgulloso de uno mismo siempre. Y hacer cosas que nos ayuden a sentirnos así.

Capítulo 2: Yo, mí, me, conmigo

El autoanálisis

Esta es la parte más importante del libro. ¿Y de qué habla? De ti.

Si miras a tu alrededor encontrarás personas admirables. Lo que tienen en común es que son ELLAS MISMAS. No son mejores que tú o que yo, porque no hay una gente mejor que otra. La conclusión es que solo siendo nosotros mismos sacaremos lo mejor que tenemos. Por el contrario, si somos otra persona, alguien diferente a nosotros mismos, no nos entenderán ni podrán apreciar nuestra singularidad.

Uno de mis grandes referentes, aunque no lo creas, es Kate Moss. Si no me equivoco tiene la misma edad que yo. Me interesa Kate porque siempre es profesional y fiel a sí misma (y eso la ha llevado a convertirse en un icono). Últimamente, además, me gusta aplicar su máxima de "Never Complain. Never explain", a mi edad me he cansado de dar explicaciones de mi vida. Pero lo maravilloso de Kate es que siempre es ella misma. Puedes ver vídeos de Kate Moss en 1990, 1995 o 2005 (no hay muchos, aviso, no le gusta demasiado dar entrevistas) y comprobar en sus declaraciones varias cosas: en primer lugar, que quizá no es como te la imaginabas al verla en fotos, sino mucho más cordial y cercana; pero lo más importante es que siempre mantiene su esencia, sigue siendo esa chica de Croydon de aire inocente. En eso consiste ser fiel a uno mismo.

Yo no puedo ni sé mentir. En una ocasión en que me entrevistaban para un puesto interrumpí al entrevistador porque me sentí muy incómodo. Me estaba corrigiendo todo y me repetía las preguntas , como si creyera que yo no las había entendido o para que le diera otra respuesta. Me di cuenta de que yo le gustaba a aquella persona pero que a la vez buscaba a alguien diferente a mí, así que le interrumpí y se lo hice ver de forma muy educada que yo no me veía en el puesto (aunque lo recomendado hubiera sido esperar a que acabara la entrevista o, mejor, un día después rechazar el puesto). Una de mis máximas es no hacer perder a nadie su tiempo ni perder el mío. En aquella ocasión me di cuenta de que no podía ni quería simular ser una persona diferente a mí. No era para mí.

Las primeras preguntas que debes hacerte, por tanto, son: ¿Quién soy yo? A nivel laboral, ¿soy un ejecutivo, un directivo, un profesional del sector X? ¿Cómo soy? ¿Qué me diferencia de los demás? ¿Soy asertivo, inteligente, creativo…?

Este capítulo nos va a permitir interiorizar en nuestro perfil y aprender a vendernos a partir del conocimiento de nosotros mismos. No es fácil (quizás es incluso lo más difícil del proceso), pero es fundamental.

Empecemos con un pequeño juego interactivo. Escribe en una hoja de papel tu profesión, tal como la defines tú. A continuación vas a expandir tus pensamientos, y para ello es necesario que estés en un lugar tranquilo, preferiblemente un domingo por la tarde. Ponte música suave y agradable y cierra los ojos. Estás acercándote a tu yo interior. ¿Qué profesiones te dice tu yo interior? ¿Sale alguna más? Añade a la lista de profesiones las que vayan apareciendo (estamos en la fase de *brainstorming* y debemos anotar todo lo que salga). Lo normal es que aparezcan una o dos más, aunque pueden salir más. Ayuda bastante añadir profesiones que no sean laborales. Te pondré mi ejemplo:

"Soy empresario, director, ejecutivo; antes he sido *manager* e ingeniero. Pero si cierro los ojos, me veo como un padre que no ha tenido hijos, siempre preocupado por los demás. Me gusta ayudar a los demás. Me veo como un buen comerciante, un buen negociador, y por encima de todo como un hombre de negocios".

Recorre mentalmente toda tu trayectoria profesional para encontrar las ideas y palabras que necesitas. El objetivo final es definirte en un párrafo, pero para ello lo primero que debes hacer es montar el puzle de tu trayectoria personal, ordenarla y darle el sentido de tu vida laboral. Esto, entre otras cosas, te puede ayudar a responder una pregunta habitual en las entrevistas:

"¿podrías presentarte?" o "¿qué nos puedes contar de ti mismo/a?".

A continuación, siguiendo el método que he desarrollado, debes analizar la información que ha surgido y elaborar una definición más detallada y coherente (verás que te hablo a menudo de la coherencia). Te harán falta adjetivos que te definan y que definan tus competencias, que como veremos luego es lo que marca tu diferencia con los demás.

Así que vamos a jugar un poco con los adjetivos. Coge otro papel, a poder ser de un color o forma diferente, y empieza a escribir los adjetivos que te describen a nivel laboral. Pueden ser competencias como, por ejemplo: trabajador, competitivo y ambicioso (en su acepción positiva), buen negociador, perfeccionista, etc. Intenta encontrar aquellas palabras que se ajusten más a tu perfil.

Los adjetivos dan competencias. Si te ves atascado a la hora de encontrar competencias asociadas a tu perfil, intenta pensar en situaciones laborales que hayas vivido y cómo te desenvolvías en ellas. Lo que buscamos son competencias que te hagan único a nivel laboral. Algo que pueda responder a la pregunta: "¿Por qué te debería coger a ti?".

Una vez analizada la experiencia profesional y las competencias, con tranquilidad deberíamos repetir este ejercicio para completar las competencias con aptitudes para cada experiencia profesional. La diferencia entre una aptitud (*skill* en inglés) y una competencia es el aprendizaje. Muchas veces es sutil y ambos conceptos se mezclan. Por ejemplo, puedes ser buen negociador por tener las competencias innatas o por haberlas desarrollado con el aprendizaje de algunas técnicas (has desarrollado entonces la aptitud), o incluso las dos cosas combinadas: ser un negociador innato con cursos de perfeccionamiento. Hay aptitudes mucho más asociadas al aprendizaje, como por ejemplo, conocimientos de calidad, o un caso muy claro: un Six-Sigma, que exige un *training* y experiencia en la materia para poder disponer de un título y ejercer sobre la materia.

Para acabar esta sesión de autoanálisis (ya le hemos dado muchas vueltas a la cabeza, ¿verdad?), vamos a ver qué quieres ser. Para ello tienes que dejar la mente mucho más libre. Túmbate en la cama o en un lugar cómodo. Imagínate en tu próximo lugar de trabajo. ¿Dónde te ves? ¿Cómo vas vestido? ¿Cómo van tus compañeros? ¿Qué tipo de profesión tienes? ¿Qué actividades llevas a cabo?

Puedes hacer este ejercicio imaginándote en diferentes sitios y situaciones, es decir, visualizando diferentes futuros profesionales. Luego abre los ojos y anota lo que has visualizado.

Este ejercicio de pensar qué quieres ser no es nada fácil. Recuerdo haberlo hablado con mi amiga y antigua jefa Carme, una gran profesional con un currículum que te caes de espaldas. Ella me decía que la pregunta "¿qué quieres ser dentro de unos años?", habitual en algunas entrevistas, le parecía muy difícil de contestar. Todos tenemos aspiraciones, por supuesto, pero Carme no aspiraba a la promoción por la promoción, sino a disfrutar del trabajo y con ello promocionar. De forma natural, en todos los trabajos le habían ofrecido una oportunidad de evolución, pero para ella lo importante siempre ha sido disfrutar de lo que hacía. La verdad es que conozco a muy poca gente que se involucre tanto en el trabajo como ella, quizás porque necesita que le gusten los trabajos y que la empresa le plantee retos. Reflexiona sobre este párrafo al hacer este ejercicio.

No pasa nada si tus aspiraciones a la hora de hacer este ejercicio son a corto plazo. Valora también si te importa el ambiente laboral, qué tipo de empresa prefieres, etc. En este ejercicio hay que valorar no solo el dinero o el puesto, sino cómo y dónde nos vemos trabajando, que es casi igual de importante.

Para acabar, revisa tu experiencia profesional y comprueba que haya una coherencia, un desarrollo, una historia. Utiliza para ello los datos obtenidos en las cuatro partes del auto-análisis: la experiencia, las competencias, las habilidades o aptitudes y dónde quieres ir.

EJERCICIO

Presentación breve. Utiliza esta sencilla plantilla y rellena los huecos:

"Soy un _____ de profesión. He estado trabajando en el sector de _____ durante _____ años, realizando actividades de _____. Me gustaría remarcar de mis competencias los siguiente: me considero _____ habiendo podido aplicar dicha competencia en mi trabajo durante _____ (la situación). Uno de mis puntos fuertes es _____ que utilicé, por ejemplo en mi trabajo de _____, en el sector de _____.

Además hablo _____ idiomas _____ a nivel _____ que he practicado de forma continuada en _____. Me gustaría trabajar de _____ en una empresa _____ para la industria de _____."

Prepara este texto y léelo frente al espejo. Repítelo hasta que puedas resumirlo en dos minutos. No te preocupes si suena un poco forzado. Estoy seguro de que después de reproducirlo de forma repetida irás variando los adjetivos y lo dirás de una forma mucho más natural.

¡Y *voilà*! Ya hemos terminado el autoanálisis.

¿Listo para volar? Repite conmigo: "Hey, ho, let's go!"

Las ilusiones nos llevan donde la mente no puede llegar

Después de la fase de autodefinición empezamos a movernos por la pista de aterrizaje para elevarnos hacia nuestro próximo destino. No hay límites. Es como si tuviéramos el globo terráqueo en nuestras manos y pudiéramos escoger destino.

Los seres humanos tendemos a encasillarnos en puestos, a limitarnos y solo relajarnos una vez hemos llegado a una meta. Los grandes ejecutivos que conozco siempre van dos pasos por delante. Cuando tú has llegado a una meta, ellos ya están pensando en la siguiente. No se trata de ser un obseso de las metas y de los límites, ni de ponerse a prueba constantemente, pero sí de soñar despierto. La vida es muy corta para estar pensando si lo haces o no. ¡Hazlo! Eso sí, con un plan. Por eso, ahora hablaremos del plan de carrera.

Empecemos de cero. Pregúntate cosas como: ¿Dónde quiero estar dentro de unos años? ¿Qué trabajos me llevarán hasta allí? ¿Qué me hace falta para llegar? ¿Cómo voy a hacerlo? ¿Realmente quiero llegar hasta allí?

Hace poco hablé con mi amigo Carles, al que admiro mucho, y una vez más me dejó descolocado con su determinación y, sobre todo, con la planificación de su carrera. Me dijo que había cogido un trabajo internacional no solo porque vio que con su jefe podría hacer cosas, sino porque en aquella empresa la gente podía desarrollar una carrera lateral y eso le permitiría llegar a ser un directivo de más nivel jugando sus cartas y optimizando su *performance* a base de trabajo duro. A gente como Carles simplemente no se les puede parar... Carles va siempre unos años por delante y ve la vida a través de su propio prisma. El tema es que tenemos que escoger en la vida qué puerta abrir para llegar a donde queremos llegar. Siempre hay que tener la meta en la cabeza.

El enfoque de Carles puede serte útil. Pregúntate qué trabajos intermedios podrían ser apropiados o buenos para alcanzar tu objetivo a medio o largo plazo. Esta es mi parte favorita, la de trazar una estrategia, un "tres pasos" para acelerar nuestros sueños e ilusiones. Llegar arriba, pero cumplimentando el *gap* entre el puesto final y el actual con uno intermedio. En tu planificación, ten en cuenta que consolidar una posición te llevará un mínimo de 18 meses.

CONSEJO

La actitud es lo que marca la diferencia. De nada te servirá pensar en tus sueños si no te los crees. Actúa a partir de hoy como lo que quieres llegar a ser. Si, por ejemplo, quieres ser director, ¿por qué no empiezas a adoptar ya una actitud de director?

Desafortunadamente, la sociedad nos bombardea con constantes mensajes negativos como "eres demasiado viejo para encontrar trabajo", "no hay trabajos para ti", "has estado demasiado tiempo desempleado", etc. Por supuesto que hay algo de realidad en ellos, pero nos producen inseguridad y generan automáticamente desventajas.

Estas desventajas competitivas se pueden convertir a largo plazo en "verdades personales" (nos las creemos). Una buena actitud puede evitar que nos creamos estas desventajas y acabemos boicoteándonos. La actitud actúa como un escudo.

No solo creo en el poder que tenemos las personas para alcanzar nuestros objetivos, sino que pienso que nada es imposible. Esa es la actitud que necesitas. La vida ya te limitará, así que no te limites tú antes de empezar la búsqueda.

Buscar empleo es una tarea ardua y agotadora, así que debes centrar tu energía en mantener una actitud positiva. No permitas que nada ni nadie te baje la moral durante este proceso.

El objetivo

Tal vez te preguntarás, ¿cómo es posible que en este punto de la búsqueda todavía no tengamos definido el objetivo? Pues puede ser por varios motivos. Quizás porque la experiencia y los recuerdos de nuestro último trabajo nos impiden tener claridad para definir los objetivos. O quizás es que llevamos mucho tiempo sin trabajo y no sabemos hacia dónde tirar. Sea como sea, hay que centrarse y definir el objetivo, pues sin objetivo no es nada recomendable acercarse al mercado laboral ni poner en marcha una estrategia de búsqueda.

Empecemos pensando que no debemos estar limitados ni por nuestro último puesto, ni por las funciones que hicimos. De ahí lo importante de desconectar cuanto antes del trabajo anterior. Es verdad que el mercado, por defecto, se deja llevar por la corriente y nos ubicará en posiciones similares. Por eso, hay que tener claro que no haremos nunca el 100% de las actividades que hacíamos ni estaremos en una posición idéntica.

Existen tres modalidades de cambio:

- Continuidad: mismo sector, mismo puesto.

- Lateralidad: cambio de sector en un mismo puesto o cambio de puesto en un mismo sector.

- Reorientación radical: cambio de sector y cambio de puesto.

Cuanto mayor es el cambio, mayor es la dificultad en la búsqueda, pero eso no quiere decir que sea imposible.

Valora las diferentes opciones teniendo en cuenta que no todo el mundo sirve para cambiar. Hay gente que al hacer este análisis en seguida se inclina por la continuidad, gente a la que le gustaría probar otros puestos u otros sectores y gente que siempre está abierta a investigar opciones nuevas.

La pregunta es qué vas a hacer tú en los próximos años, es decir, cuál es tu plan de carrera. Ahora vamos a materializarlo concretando el puesto y el sector. Vamos a pensar en las cosas que hacemos bien y en las competencias que tenemos. Las competencias y aptitudes son muy importantes. Repasa de nuevo en qué eres bueno/a. Si tienes dudas, puedes revisar tu Linkedin y ver en qué te valoran positivamente los demás en términos de competencias, o incluso compararte con perfiles similares.

Más adelante hablaremos de las estrategias y cómo defender las búsquedas, pero primero tenemos que evaluar el ámbito en que nos podemos mover y qué limitaciones o recursos tenemos. Como te apuntaba antes, un primer análisis que puede tumbar una búsqueda es el aspecto económico o familiar, o ambos. Otra limitación pueden ser los idiomas, o nuestra capacidad de cambio geográfico. Todos los temas personales son tan o más importantes que el autoanálisis. Vivimos en relación con el entorno y eso, lógicamente, influye sobre nuestras decisiones. ¿Te irías a vivir al extranjero si acabas de conocer a una persona interesante y posible futura pareja, por ejemplo? ¿Aceptarías un puesto de gran responsabilidad en otro país si tus hijos son adolescentes y tienen un entorno social en la ciudad en la que vives? Son preguntas de difícil respuesta, pero alto impacto en la búsqueda.

No me gustaría que leyeras el párrafo anterior con negatividad. A veces arriesgarse es imprescindible para el éxito. Nunca podré agradecer lo suficiente a mi madre, por ejemplo, que aceptara el reto de mi padre y pidiera un traslado de Barcelona a Valencia para darnos un futuro mejor. Fue un cambio muy difícil para todos, especialmente para ella, que empezaba de cero en un nuevo trabajo y en una nueva ciudad. También para mí, que tenía 15 años y, por circunstancias, me vi obligado a cambiar tres veces de colegio en tres años. Pero al final todo salió bien. Vivo en Barcelona y la amo, pero en mi corazón siempre llevaré Valencia (voy a menudo), de donde son mis mejores amigos, y siempre llevaré el recuerdo de los años que viví allí. Son experiencias vitales que, bien llevadas y con positivismo, abren mucho la mente y ayudan a crecer. Hay que estar abierto al cambio.

¿Es posible un cambio radical?

Siempre que hablo en mis talleres de cambio radical la gente me pone caras raras, como de decepción, o como si pensaran que estoy loco. Les parece una montaña. Y es obvio que un cambio radical es más difícil que un cambio a un trabajo parecido, pero no es imposible.

Los cambios radicales vienen normalmente motivados por temas personales o por saturación de una etapa muy larga de trabajo en una misma posición. Las personas con una orientación "lateral" constantemente evolucionan por sí mismas y no necesitan hacer cambios radicales. Para el resto, tiene que haber algo que active el cambio a nivel interior. Una necesidad o una llamada.

Para que entiendas mejor la diferencia entre un cambio lateral y un cambio radical, te pongo el ejemplo de mi amiga Amparo. Para mí ella es la hermana que nunca tuve, no solo porque me aporta muchísimo cualquier conversación con ella, ni por haber (sobre)vivido juntos a fondo la noche valenciana de los años noventa, años de búsqueda personal (a veces pienso que una parte de mi corazón se quedó en aquellas noches y me obliga a recordar frecuentemente de dónde vengo para ver adónde voy). Amparo y yo no necesitamos hablar muy a menudo para estar conectados. Considero que Amparito, como la llamaba mi padre, es una persona de las que hay pocas en el mundo. Tiene una capacidad lateral y de aprendizaje increíble. No solo es brillante en todo lo que hace, sino que tiene inquietudes de aprendizaje constantes. Durante años fue desarrollando otras aptitudes, formándose y trabajando con gente afín, empezó en proyectos internacionales y terminó ocupándose de innovación y *start-ups*. Además, siempre con evoluciones naturales, sin ningún tipo de confrontación con sus jefes. Los cambios laterales, como los concibo en este libro, son cambios de búsqueda laboral, pequeños cambios de sector o de puesto, pero dentro de la coherencia que podemos permitirnos en nuestro CV. Amparito desarrolló una carrera lateral a lo largo de los años ("learning by doing", me gusta llamarlo).

Conozco varios casos de cambio radical. Por ejemplo, el de mi amigo Josep. No es que en su trabajo anterior fuera infeliz, pero ahora se le ve tan bien que los que le conocemos valoramos el cambio como positivo. Josep siguió el manual de cambio desde su interior. Se tomó un tiempo de desconexión del trabajo anterior y a partir de ahí se autoanalizó. Dedicó un tiempo a analizar qué le gustaba, cuál era su pasión y cómo podía combinar su pasión con sus competencias (los cambios radicales son impensables sin una fuerte dosis de autoconocimiento). No todo el mundo quiere o puede hacer esto. Un cambio de sector y de oficio es para algunos ir hacia la luz, pero para otros es como ir hacia el abismo, pues siempre hay un riesgo y no todo el mundo está capacitado para asumirlo. No solo se trata de decidir hacia dónde ir, sino de realizar pruebas. El "trial and error". En eso admiro mucho a Josep, porque emprendió un camino y no tuvo el éxito esperado, y volvió a autoanalizarse hasta encontrar un segundo camino, que es su actual trabajo y en el que le va muy muy bien. Josep siempre dice, por experiencia, que la vida es cambio. Y yo añado que si hemos de vivir con el cambio, qué mejor que crearlo nosotros.

En realidad, en su primer cambio no se equivocó. Buscó hasta encontrar *su* camino. Y es que solo hay un camino en la vida y es el propio.

A veces hay que formarse en la nueva profesión y el cambio radical puede conllevar una desconexión del mundo laboral durante un año o más (para hacer un *máster*, por ejemplo). Si es necesario estudiar una carrera, siempre recomiendo seguir en un trabajo y desde ahí gestar el cambio bien planificado y continuar estudiando en los ratos libres.

Recuerdo perfectamente el día en que mi compañera de trabajo Diana me comentó que le habían llamado para un trabajo ideal en Suiza. Parecía la oportunidad de su vida: un puesto en la sede central de una multinacional para gestionar todo un departamento a nivel mundial y un gran equipo. Estaba muy nerviosa. Preparamos juntos el CV y se fue a Suiza convencida de que aquella podía ser "la oportunidad". Cuando volvió tenía mala cara. Me comentó que la entrevista había ido muy bien, la trataron de forma muy respetuosa, valoraron sus competencias, la retaron en diferentes situaciones y llegó a tener hasta tres entrevistas con distintos directivos. Ni que decir tiene que las entrevistas a este nivel son largas y cuando vienen los candidatos de fuera se aprovecha para hacerlas todas en un mismo día. Pero (siempre hay un pero...) al volver en el avión no podía dejar de pensar en la responsabilidad que suponía trasladar a toda su familia a Suiza sin saber siquiera si tendría éxito. Pesó mucho en su decisión el tema familiar. Y es que a veces la vida es así: nos da oportunidades que nos llevan por un camino u otro y debemos escoger. Ella escogió quedarse, pero no te preocupes: es muy feliz en su trabajo actual, y llegará tarde o temprano a ese puesto. Siempre le digo en broma que ese es su destino y que no huya del *Management*. Estoy seguro de que a solas se imagina de vez en cuando cómo sería su vida en Suiza dirigiendo un gran equipo.

La opción del autoempleo

Mi amiga Marian es autónoma, trabaja por cuenta propia. Si bien es bastante normal en su sector, ella decidió un día ser autónoma con un cambio que empezó como lateral y acabó siendo radical. Lo decidió para poder hacer más cosas, trabajar en otros sectores, conocer otros puestos. Ella venía del mundo de la publicidad y ahora está en su "hermano mellizo", el mundo de la comunicación, pero en otras funciones. Admiro mucho a Marian por su constancia y su lucha por mejorar cada día, así como su capacidad de crear estabilidad dentro de la inestabilidad laboral y hacerlo de forma generalizada. Ella es feliz así, aunque también lo ha sido cuando estaba contratada fija por una empresa. Pero lo importante de este ejemplo es la carrera coherente que ella está siguiendo y el hecho de que el autoempleo le permite a Marian acceder a más empresas y compaginar puestos para llegar a su objetivo final. En el mundo cambiante actual, hay una clara tendencia al autoempleo, a la estacionalidad y a tener un mayor número de trabajos a lo largo de nuestra vida. No descartes el autoempleo como una salida. Recuerda todo lo comentado anteriormente sobre los caminos y los objetivos en la vida.

RESUMEN

Define tu objetivo y traza un plan para tu carrera. Si es necesario, escoge un trabajo que sea un paso intermedio hacia tu objetivo. Estudia antes todas las opciones posibles: seguir con lo que haces, probar nuevos puestos o sectores, lanzarte a tus sueños pendientes, etc.

No obstante, no descartes que cuando estés a las puertas de tu objetivo te des cuenta de que aquello no es en realidad lo que quieres. Los humanos somos así.

Capítulo 3: Mi CV

Mirando al futuro

Te diré algo que tal vez no creo que hayas leído antes: tu CV es tu futuro, no tu pasado, por eso debe incluir tus planes, tus ilusiones, tus objetivos sectoriales, tus posiciones deseadas, etc. Es decir, debe mostrar tu ambición y el próximo gran objetivo de tu carrera. Y si miras al pasado a través de él, debe incluir pistas de cara al futuro.

Otra cosa importante: cada CV es una versión diferente y única de ti mismo, una versión para presentarte como candidato a una posición para aquí y para ahora. Otro puesto u otro momento necesitarán otro CV diferente.

Para quien ofrece un empleo, es importante explicar bien el tipo de compañía, el contexto de la posición y lo que se espera de la persona. Y para quien busca empleo, es fundamental leer detalladamente la oferta. Las descripciones son clave. Un CV debe confeccionarse a partir de la descripción del puesto, el trabajo anterior y el análisis de uno mismo. De esta forma verás claramente si te adaptas a la posición en términos de experiencia, competencias y *skills*.

Hay que tratar también de leer entre líneas y entender lo que significa la *job description* desde dentro de la empresa. Un ejemplo sencillo. Imaginemos el anuncio siguiente:

"Multinacional con 4 fábricas en Europa occidental, central en Barcelona, en un contexto de expansión global, busca una persona con alta orientación al cambio y emprendedora experta en el campo de…"

Si lees atentamente esta descripción entenderás que cuando habla de "contexto de expansión global" quiere decir que habrá que saber gestionar dicho crecimiento, lo cual a veces es difícil y requiere frecuentes desplazamientos *in situ,* además de habilidades políticas y de comunicación. Este tipo de trabajo puede dejar exhausta a una persona tranquila y conservadora, a la vez que puede entusiasmar a una persona emprendedora con tendencia a los retos y con el objetivo de disparar su carrera.

Por tanto, no se trata solo de ilusionarnos y crear nuestra propia "película" mental sobre el puesto, sino de leer entre líneas para luego reflejarlo en el currículum. Debemos transmitir con seguridad que tenemos la experiencia, los conocimientos y la capacidad que demanda la descripción del puesto.

Es posible que pienses: "Con lo difícil que es hacer un CV, ¿por qué debo gastar tiempo haciendo dos o tres?". La razón es la siguiente: no debemos solicitar puestos de trabajo que de verdad nos interesan enviando el primer CV que encontramos en el los archivos del ordenador. Oigo constantemente, cuando hablo con algún candidato y le pido su CV, la frase: "Tengo que buscar el último CV que tengo". Esa no es una buena respuesta. La respuesta debería ser: "Te enviaré un CV nuevo adaptado a los requerimientos del puesto, a más tardar esta noche" (si el puesto nos interesa de verdad, debemos postularnos lo antes posible). En conclusión, dependiendo de la empresa y del puesto, deberemos presentar un CV u otro.

Hacer un CV es de las cosas más difíciles que hay. Testifico y confieso: siempre evito actualizarlos y lo acabo haciendo cuando me llama algún *headhunter*. Aunque lo prefiero así, porque me defiendo mucho mejor por teléfono que por escrito. Con el tiempo he aprendido que en pocos minutos puedo explicar bien mi CV, mis competencias y mis aptitudes, y convencer al entrevistador de que soy la persona adecuada.

Lo ideal es preparar el CV justo después del ejercicio de autoconocimiento que has hecho en el capítulo 2. En ese momento de lucidez y con las ideas frescas en tu cabeza, fluirá rápidamente y será más rápido que empezar de cero.

El orden *standard* de un CV es: presentación y foto, estudios, estudios complementarios, idiomas, experiencia profesional, experiencia profesional extra (cursos, docencia, proyectos...) y área personal. No obstante el orden es modificable siempre que haya algún motivo que lo justifique de cara al puesto. Puede alterarse para adaptarse mejor a una posición, pero siempre con una razón detrás.

En el CV hay que transmitir los mensajes siempre en positivo, dado que una mala sensación puede tumbar nuestra candidatura. En una ocasión ayudé a una persona a revisar su CV y mencionó que uno de sus grandes éxitos había sido reducir las pérdidas de una empresa. Me acuerdo que le dije que no negaba su mejora, especialmente, habiendo visto situaciones parecidas, pero que había que darle la vuelta y expresarlo en positivo. En este caso, por ejemplo, había que sustituir las palabras "pérdidas" y "negativas" por otras, por ejemplo "incremento de los resultados de un 10%". Luego, en una entrevista, se pueden explicar mejor los detalles y el entrevistador lo entenderá, pero por escrito todo suena mucho más fuerte.

No hay nada obvio

Las personas que van a leer tu CV normalmente no te conocen, y eso hay que tenerlo en cuenta. El gran error que cometemos a veces, y me incluyo en esto, es asumir que el lector pertenece a nuestra familia, grupo de amigos o antiguos compañeros de trabajo, es decir, gente que rápidamente y con un par de datos se hará una idea de nuestra experiencia y nuestro perfil. Pero no es así. Esto solo lo logran los *headhunters* después de una conversación, y si se entretienen en leer con detalle el CV. Por tanto, debemos detallar las descripciones con ejemplos y, si es necesario, ampliar las descripciones y añadir adjetivos.

Por otra parte, seguro que hay cosas que temes que aparezcan en tu CV. Aquí topamos con nuestra timidez. Cada vez que leo un CV con letra pequeña y con los puestos poco destacados interpreto que detrás hay timidez y miedo a la exposición. Y el miedo a la exposición paraliza a las personas y les impide mostrarse a los demás como son. Así que, sintiéndolo mucho, en el CV hay que ser extravertido, cueste lo que cueste.

Hay que abrirse a los demás y dar detalles, sobre todo en aquellos aspectos que te DIFERENCIAN.

La máxima exposición se da cuando hablas de tus *hobbies*. ¡Esa es la parte que más me gusta de los CVs! Por ejemplo, si te gusta la cultura japonesa, ¿qué problema hay en ponerlo de forma positiva? Insisto: de forma positiva, que no asuste, porque la diferencia, a veces, asusta. Explícalo bien. Que te guste la cultura japonesa y asistir a talleres de litografía, por ejemplo, implica que eres una persona detallista y sociable con un toque excéntrico/creativo. Si practicas golf, se supone que te va la estrategia y que eres gregario. De un *hobbie* a una profesión hay un pequeño paso, recuerda esto también.

Hay que ir con mucho cuidado con lo que explicas y, sobre todo, con la forma en que lo haces (siempre en positivo, recuérdalo bien). No tengas nunca miedo a ser tú mismo. En todo caso, deberías tener miedo de ocultarte, de ser otra persona o de pasar desapercibido por la vida. En los trabajos, cuanto más ejecutivo es el puesto, más se aprecia, por lo general, la personalidad y la capacidad de tener un estilo propio de *Management*.

Por otra parte, NUNCA mientas en el CV. No pretendas haber hecho algo que no has hecho. Se detecta inmediatamente (algunos preguntamos y preguntamos durante las entrevistas, y en alguna pregunta, a veces, se produce un desliz, o simplemente nos quedados con dudas al final de la entrevista, y eso normalmente hace que descartemos a la persona). Me he encontrado con dos casos en mi carrera profesional de gente que ha mentido en apartados de su CV y que al final me lo han admitido, incluso sin preguntar. No te puedes imaginar mi cara de póker.

Tener un CV especial puede ser una gran ventaja. Te voy a contar el ejemplo de mi amiga Manu. Además de tener una personalidad muy especial, Manu ha tenido una trayectoria profesional bastante lateral, acorde a su personalidad, pero con los años está adquiriendo mucha coherencia. Empezó como informática y se recicló en profesora de informática. Durante un tiempo estudió moda y realizó sus propios diseños, y posteriormente lo relacionó con la informática (en concreto las redes sociales) y la moda, como *community manager*. La gracia de todo esto es darle un significado a tu CV, que se vea un camino. No en vano se buscan mucho los CVs híbridos, como el de mi hermano (informática y sonido). No tengas nunca miedo de experimentar, pero eso sí, mantente fiel a tu esencia y tu personalidad, y dale siempre un enfoque laboral a todo lo que sepas.

Aquí te dejo unas pautas de cómo debe de ser un CV:

Un CV debe ser ….	Un CV no debe de ser…
Simple y legible	Demasiado texto y sin explicaciones
Una o dos páginas como máximo	Faltas de ortografía e idioma diferente al del que lo lee
Debe expresar de forma sutil los deseos futuros de carrera profesional	Mezclar aptitudes con competencias
Basado en el futuro, no en el pasado	Repetirse datos, ideas,…
Debe mostrar tu personalidad	Hacer un CV aséptico y sin personalidad
Debe realzar tus puntos fuertes	Sobrecargado (resaltar solo los puntos importantes)
No debe dar lugar a preguntas (genéricas)	Dejar huecos en el tiempo (algo habrás hecho esa época).
Adaptado a la posición a la que lo presentamos (a poder ser)	Enviar el CV a puestos sin antes revisarlo.
Debe contener datos de logros profesionales	Empalagar con sobredosis de éxitos.
Es lo que es, y hay lo que hay	Mentir
Que se pueda leer en diagonal y entenderlo fácilmente	Cambiar la vida laboral

Las palabras clave

Una vez estaba reclutando a una persona para una posición que me reportaba a mí directamente. Era una función clave para mí en la gestión de proveedores y quería tener una especie de mano derecha. Empecé a crear la descripción del puesto y me di cuenta de que requería conocimientos mucho más técnicos de lo que pensaba inicialmente. De todas formas, no tenía que haber ningún problema en encontrar a alguien, pensé, ya era un perfil existente en el mercado. La *headhunter* que se encargaba empezó a enviarme candidatos no adecuados, algunos con muy buena experiencia, pero que no acababan de ser lo que yo quería. Es cierto que soy una persona muy exigente, pero el puesto lo requería. Al final volví a decirle a la *headhunter* que quería ver en los currículums una serie de palabras clave y que descartara directamente los candidatos cuyo CV no las tuviera. La recuerdo como una persona muy profesional. Al final encontramos una persona acorde al perfil, que además de responder a las palabras técnicas tenía la motivación y actitud adecuadas. Me atrevo a decir que las palabras clave ayudaron en gran medida a detectar al candidato.

Por tanto, tienes que conocer las palabras clave de tu sector y de tu posición. La forma más sencilla de hacerlo es buscar ofertas de empleo de posiciones similares a la que deseas. Haz un ejercicio de honestidad y comprueba si la experiencia que se pide es la que tienes (para eso te servirán también esas palabras claves). Y si no cumples con los requisitos, no envíes el CV. A un buen entrevistador le llevará solo unos segundos detectar tu falta de experiencia.

Una vez entrevisté a un candidato que se preparó muy bien y a cada pregunta que le hacía me respondía con un ejemplo. Lo malo era que sus ejemplos no coincidían con lo que yo buscaba. Tuve que decírselo. Le agradecí amablemente la extensa preparación de la entrevista y la actitud, pero no pude seguir con el proceso.

Yo, personalmente, me enfado mucho cuando alguien me miente. Hay quien lo lleva mejor, pero para mí es algo muy grave. Si en una entrevista detecto algo raro y acaba siendo una mentira, suele molestarme mucho, y no solo descarto al candidato, sino que me quedo con el nombre. Esto es común entre entrevistadores. Así que no mientas. Aplica esta máxima: "Hay lo que hay y es lo que es". Ser transparente te dará, además, más confianza en ti mismo.

Una vez terminado el CV tienes que repasarlo y pulirlo. Los entrevistadores solemos ver más allá de las líneas de un CV, analizamos datos y detectamos personalidades (aunque todos podemos equivocarnos en una selección de personal). Por eso, cuanto más claro tengas lo que eres (autoconocimiento) y más sincero seas en el CV y en la entrevista, mejor. La sensación que debes transmitir es "soy lo que soy y como soy, y no intento parecer un empleado modelo". Una vez entrevisté a un candidato que fue tan aséptico y ocultó tanto su personalidad que volví a citarlo para ver cómo era realmente. Al final lo descarté por un tema de competencias, pero al menos tuve la oportunidad de conocerle mejor.

RESUMEN

No tengas miedo de ser tú mismo. Mantén la coherencia. Explica bien quién eres. Busca palabras claves asociadas a tus competencias para explicar bien tu perfil en el CV.

Adapta tu CV a cada candidatura, pero no mientas. "Antes se coge a un mentiroso que a un cojo".

La coherencia en el CV y en la vida

Me acuerdo de Alexander cuando me pidió un día ayuda en su búsqueda de empleo. Recuerdo especialmente el momento en que preparamos el CV. Alexander es un gran ejecutivo de las ventas que en mi opinión no ha llegado todavía a su techo, por lo que le auguro una gran carrera. En aquel momento me llamó la atención que le costaba un poco articular su CV a primera vista, algo que le pasa a bastante gente. Suele ser porque van muy rápido en su carrera profesional (lo cuál es bueno) y piensan en el futuro. Y en la vida hay momentos en que hay que recapitular para progresar. Recapitular es lo que hicimos con Alexander. Encontramos competencias increíbles y únicas, tan innatas que no las asociaba a su experiencia. Es un ejemplo de persona absolutamente coherente, con un camino muy bien recorrido y hacia un destino muy claro, pero que necesitaba analizar su vida laboral y llevar esa coherencia al CV a base de entenderlo, articularlo e interiorizarlo mejor.

El objetivo, al final, es avanzar en nuestro camino, que es el camino de la vida. Viendo nuestro recorrido anterior podemos encontrar una coherencia con el destino al que nos dirigimos. En el caso de Alexander, hacer este ejercicio le ayudó mucho a reforzar su objetivo.

El caso de mi hermano Javi también sirve para ilustrar la coherencia entre la vida y el CV. Justo cuando pensaba que lo había visto todo en materia de currículums, un día me llegó el suyo y me rompió los esquemas. Era así:

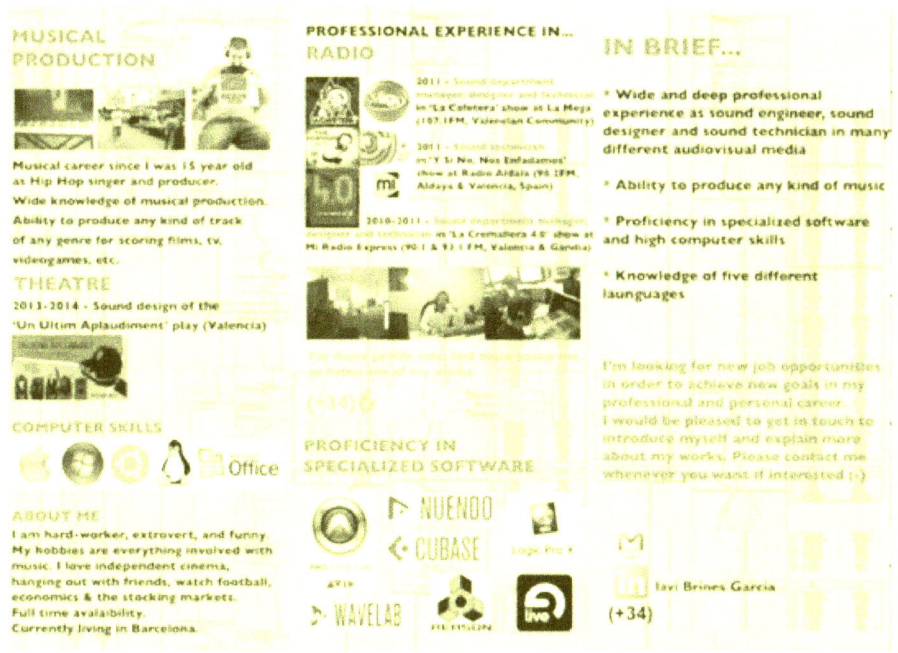

¿Cómo no se me había ocurrido antes que era posible esquematizar y sintetizar un CV en gráficos, darle un punto divertido y mantener la coherencia? Es increíble este CV. Mira que mi hermano ha hecho cosas increíbles en la vida, pero a mí me encanta este currículum. Es llamativo, diferente y se vende solo en su sector (aunque no sería bienvenido en todos los sectores, tenlo en cuenta).

Siempre pongo de ejemplo a mi hermano en mis talleres por cómo hizo su búsqueda. Javi imprimió 300 copias del CV en papel de buena calidad a dos caras y lo dobló, de forma que se podía leer como un tríptico. Un tríptico hecho de tal forma que sin necesidad de abrirlo ya podías ver los datos de contacto y un resumen del CV. Las palabras clave ya están en la primera página. Luego fue puerta a puerta y lo entregó en mano en todas las empresas relacionadas con el sector del sonido de Barcelona (yo no le aconsejé, fue autodidacta en su búsqueda). Y esa constancia le ayudó a encontrar trabajo relativamente rápido. Y no solo eso: con su nivel de iniciativa pronto se promocionó a *manager* y todavía tiene mucho recorrido. Lo mejor del caso de mi hermano es que se mantuvo fiel a sí mismo. Y es que cuando el CV está hecho desde dentro de uno mismo, se vende sólo.

Otra conclusión es que la forma del CV puede cambiarse siempre que el sector y la empresa sean receptivos a este tipo de propuestas. No es lo mismo un CV para una *start up* tecnológica (un puesto creativo) que para un departamento de finanzas de una multinacional. Hay que ser consciente de las ventajas y de las limitaciones de cada caso. Javi sabía que su mercado lo recibiría bien, así que jugó sus cartas, se atrevió y triunfó.

Por último, ten en cuenta que cuanto más personalizado sea tu CV, más reduces tu nicho de mercado, pero también tu competencia. De hecho, hay mucha gente que se crea sus propios puestos a base de ir por delante con su personalidad. ¡Se venden solos!

Una vez fui a una conferencia del antiguo CEO de IKEA, Anders Dahlvig. Fue una de las mejores charlas a las que he asistido en mi vida. El ponente presentó en una hora su visión y estrategia de empresa con ¡una sola diapositiva! No solo eso, tenía esa capacidad mágica que muy poca gente tiene de ser cercano, directo, saber resumir para volver a la diapositiva, recuperar los títulos, seguir y, sobre todo, darle a la charla un hilo conductor. ¡Fascinante! Recuerda: la diapositiva es el CV y la presentación el *elevator pitch*. La coherencia que le des a tu presentación será clave, pero a la vez el CV debe ser claro y visual para que el entrevistador pueda, de vez en cuando, volver a él y repasar datos, como hacíamos todos los que asistimos a aquella conferencia de ESADE.

La carta de motivación

No me gusta el concepto de carta introductoria o de presentación, prefiero el de "carta de motivación". Porque este texto es el primer contacto entre el futuro empleador (o la persona que selecciona los CVs) y tú. No hace falta repetir el CV, sino una serie de frases que cuadren con las expectativas concretas sobre el puesto junto con tus frases motivadoras.

La diferencia entre dos candidatos de idéntica formación y experiencia, no me cansaré de decirlo, es la motivación. No hace mucho vi un anuncio de un puesto que realmente me gustaba. Solicité a la empresa la posibilidad de enviar una carta motivacional para el puesto. Me llamaron (supongo que después de revisar bien mi Linkedin), hablamos y me dijeron que adelante. Pasé al menos un par de horas redactando la carta, revisando mi CV, qué temas específicos eran aplicables al puesto y, sobre todo, las razones que me movían a pedirlo. La persona responsable de la selección me llamó inmediatamente y nos vimos. Me dijo que le había llamado mucho más la atención la carta que el CV en sí.

La clave, por tanto, es mostrar motivación. Uno tiene que querer de verdad el puesto y, a partir de ahí, sentir la adrenalina de la ilusión de tenerlo. Si no, no vale la pena postularse. Mejor no hacerlo que hacerlo de forma aburrida.

La carta decía más o menos lo siguiente:

> *Estimado X:*
>
> *Tal y como hemos comentado por teléfono, me gustaría transmitir mi motivación para trabajar en el puesto de X.*
>
> *Soy un profesional del mundo de la automoción, con más de X años de experiencia en las áreas de......... Hablo cinco idiomas a nivel laboral. He lanzado múltiples proyectos a nivel mundial, incluso, en países como Turquía y Sudáfrica.*
>
> *Me gustaría resaltar la experiencia laboral de ...., que disfruté mucho. Creamos de cero los procesos de .... y, sobre todo, un sistema robusto de .... Durante esa época, además, implementamos indicadores de ...., a la par que fuimos mejorando los procesos. Todo con un gran equipo de X personas y dejando un legado positivo en la empresa.*
>
> *Me siento cómodo en entornos internacionales con estructuras matriciales y, sobre todo, empezando nuevas funciones, creando procedimientos y mejorando procesos. Si miráis mi Linkedin, veréis que mi mayor aptitud, validada por*

mis contactos, es la mejora continua, que es mi filosofía de vida. Además, tengo gran iniciativa y dotes de liderazgo, lo que me ha permitido gestionar grandes equipos internacionales con éxito.

Me gustaría sinceramente que considerarais mi candidatura y mi motivación por ocupar el puesto. Deseo volver a sentir la experiencia de la creación y el desarrollo funcional que sentí en el puesto de ……….

Estaría encantado de poder ampliar mi perfil en una entrevista personal.

Atentamente,

Miguel Brines.

Capítulo 4: Estudio de mercado y Estratégia

Que no te pueda la ansiedad

A veces la ansiedad por contactar con el mercado hace que no dediquemos el tiempo necesario a planificar una buena estrategia. Y con ello podemos perder la oportunidad de acceder a muchas empresas que nos pueden interesar.

¿Qué momento es el adecuado para desarrollar una buena estrategia de búsqueda de empleo? En mi opinión, cuando estás a punto de acabar el CV. El CV es el hito que separa dos fases muy marcadas en la búsqueda de empleo: la fase introspectiva de autoanálisis y la fase de apertura al mundo.

La primera parte de la estrategia consiste en compararse con la "competencia" (*benchmarking*). Para abrirse al mundo primero hay que reconocer, aceptar y valorar a la competencia. Por ello, recomiendo echar un vistazo a otros candidatos, analizar cómo se presentan en Linkedin, cuáles son sus aptitudes y su formación. Recomiendo abrir los diez perfiles más buscados en Linkedin en dicho puesto y comparar sus competencias para apreciar así las competencias disponibles y buscadas en el mercado.

Al final es el mercado el que escoge, así que mejor revisar los *gaps* observando el mercado. Estos *gaps* no se pueden rellenar fácilmente sin una acción, pero aún estás a tiempo: puedes buscar formas de llenar los *gaps* con conocimiento. Si tienes un punto débil de cara a una entrevista, aprovecha este tiempo para formarte. Por ejemplo, si tienes o crees tener lagunas o debilidades en tu liderazgo puedes preparar una estrategia de refuerzo de tu capacidad de liderazgo actual. Esto mejorará tu posición en la empresa actual, si todavía estás en ella, a la vez que te permitirá disfrutar más del trabajo y contar con ejemplos de liderazgo de tu día a día para futuras entrevistas. No digas en la entrevista que puedes ser un buen líder: ¡sé un buen líder ya!

Para completar esta fase se recomienda leer artículos de revistas sectoriales, listas de difusión de noticias, informes económicos, etc. Una vez hecho esto y antes de seguir, pregúntate: "¿Está bien mi CV o debería volver a revisarlo?"

La segunda parte de la estrategia requiere un estudio de mercado (primero la competencia y ahora el mercado, o más concretamente tu sector). Un estudio de mercado es para mí un acercamiento práctico al objetivo. Por ejemplo, si quieres ser director de ventas en *retail*, tienes que investigar, en este orden: sector *retail*, empresa objetivo (saber su crecimiento y estabilidad en el mercado) y, por último, la posición de director de ventas. Se trata de ver qué empresas están liderando el sector, cuáles están en expansión, cuáles son más valoradas, qué valores tienen y cuáles son sus estrategias de crecimiento. Y ver si todo esto se adapta a tus expectativas. Es un trabajo de campo puro y duro. Averigua, por ejemplo, dónde están localizadas estas empresas, sus centros productivos, de investigación o centrales, etc. Finalmente, clasifica la información estableciendo prioridades, es decir, a qué compañías empezarás a acercarte primero y cómo. Empieza a dilucidar cuál es el mejor canal de comunicación con la empresa: ofertas, candidatura espontánea, etc. O incluso, piensa en el *networking*: a quién contacto y cómo. Deja que vayan fluyendo las ideas.

Pregúntate lo siguiente: ¿Qué canales sirven para contactar con las compañías y para buscar empleo en general? ¿Linkedin Jobs, empresas de selección, *headhunters*? ¿A qué empresas puedo acercarme directamente? ¿Qué compañías entran dentro de mi rango de contactos? El canal de comunicación es importante y debes de evitar errores mediante un buen conocimiento de las empresas y los reajustes de la estrategia que hagan falta. En este sentido, hay que ir actualizando la estrategia conforme conocemos más el mercado. Hay que ser rápido para detectar aquellas empresas que tienen parados los procesos de selección, que están en proceso de restructuración o que no pasan por un buen momento. Recuerda que vivimos en un mundo de ciclos económicos cada vez más cortos y esto se ve reflejado en las empresas.

Resumiendo, las partes de la estrategia son:

1.- Comparativa con la competencia

2.- Estudio de mercado

3.- Categorización de la información

4.- Selección del canal

Por último, hay que incorporar las redes sociales como parte de la estrategia. Hablar de redes sociales podría llevarme un libro entero, así que me limitaré a decir que hay dos decisiones importantes en relación con las redes sociales: una es estar o no (y en caso afirmativo, en qué grado) y otra es utilizarlas o no en la búsqueda de empleo (y en caso afirmativo, cuáles). La decisión en este apartado puede cambiar completamente la estrategia de búsqueda. Es una decisión que conlleva ser un observador o tomar una parte activa, compartir contenidos o simplemente leerlos, etc. Estar presentes es una inversión de tiempo, pero el nivel de exposición aumenta, y por tanto la visibilidad de cara a los reclutadores y las empresas. De hecho, una pregunta pertinente sería: ¿Nos podemos permitir en los tiempos que corren no estar en las redes sociales?

Cómo crear tu propio plan para encontrar trabajo

Uno debe ser realista en la forma de acercarse al sector y a las empresas, ya que cualquier error puede suponer una pérdida de tiempo y un desgaste. No puedes ir a una cena de gala vestido de *sport* ni a un *cocktail* de tarde con vestido de gala. Los seres humanos respondemos con proximidad a la proximidad, con prepotencia a la prepotencia, etc. En una ocasión, en París, tuve una entrevista como candidato en la que el interlocutor me miraba como a un bicho raro. En aquel momento no supe interpretarlo, pero más adelante me enteré por un allegado de cómo era aquella empresa y vi que sus valores y su perfil no tenían nada que ver con lo que yo había querido transmitir en la entrevista, simplemente diferentes. Debí parecerles un marciano con aquella cultura de empresa tan marcada. Hoy me alegro de no trabajar allí, no me habría gustado. Por eso, si no te cogen en un trabajo piensa que no era para ti.

Por tanto, analiza ahora con más detalle dónde está la empresa y cómo es. Por ejemplo, si te diriges a la industria automovilística, hay un gran *cluster* en Detroit, pero también hay automoción en Europa (en Alemania, Francia, etc.). Te aparecerán clústeres y semi-clústeres. Tienes que preguntarte si quieres trabajar en centros productivos o de diseño, en las oficinas centrales, en centros de operaciones, etc. Aparecerán con esto ciertas limitaciones o, digamos, puntualizaciones geográficas. Abre tu aplicación de mapas de móvil y mira a qué distancia estás de tu objetivo y cómo te afecta esto en tu búsqueda.

Debes completar este análisis de mercado con información detallada de las empresas, cuanto más detallada y precisa mejor. Hoy en día se puede encontrar toda la información necesaria en internet. Es muy fácil encontrar las empresas *top* de cada sector. Intenta averiguar todo lo que puedas de estas empresas (por este motivo te recomiendo reducir el ámbito de las empresas objetivo). Crea una tabla con los siguientes campos y puntúa a las empresas: resultados, nivel de innovación de producto, posición en el mercado, intenciones de expansión, clima laboral, estilo directivo, oportunidades y puestos laborales abiertos. Son indicadores del nivel de salud de una empresa, pero hay por supuesto otros. Alguna información de la anterior solo es posible saberla desde dentro, con lo cual en esta fase te iría bien hablar con algunos contactos, conocidos o nuevos (más adelante te hablaré de la gestión de contactos, en concreto en el capítulo 5).

Sería interesante también contrastar los resultados de las empresas objetivo con los listados de las mejores empresas donde trabajar y con más prestigio. Si bien al final marca mucho la relación con tus *managers*/directores directos, no hay que olvidar que estaremos muchas horas rodeados de compañeros, y sus temperamentos y estados de ánimos nos van a afectar.

Ayuda mucho a tener una visión global el tener categorizada la información de forma visual, aquí te propongo un ejemplo con globos.

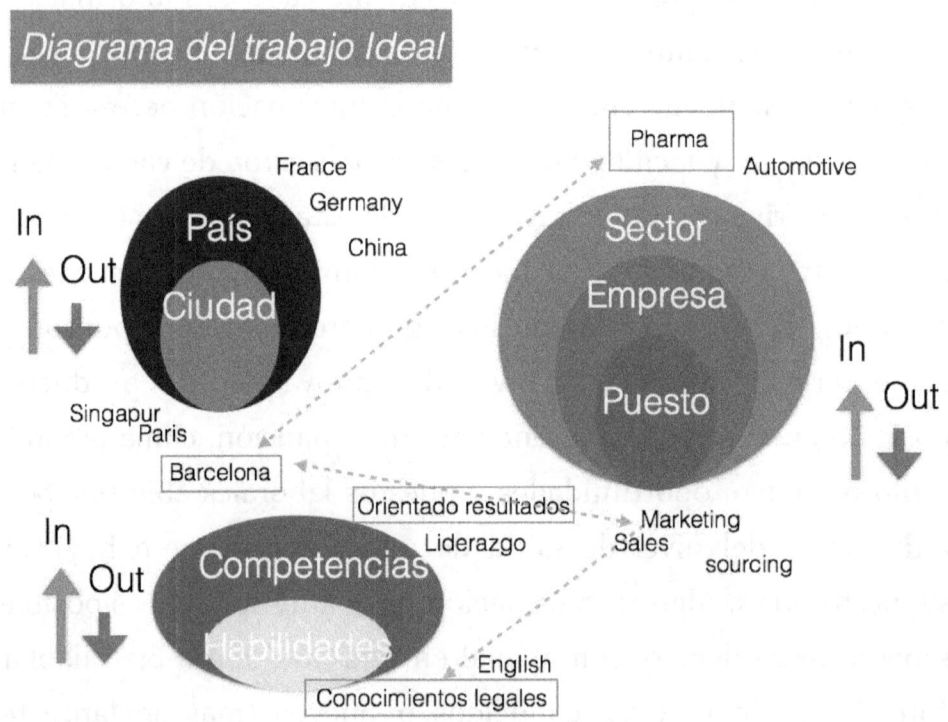

Análisis DAFO en la estrategia de búsqueda de empleo

Por si no estás familiarizado con las siglas DAFO, te diré que es un acrónimo de Debilidades, Amenazas, Fortalezas y Oportunidades. Es una metodología para afrontar proyectos y actividades, utilizada frecuentemente en *marketing* pero extrapolable a cualquier ámbito.

En el caso de la búsqueda de empleo, habría que aplicarla con anterioridad al contacto inicial con el mercado, no solo porque proporciona un profundo autoanálisis, sino también porque permite reaccionar a tiempo de cara a la preparación de entrevistas. La idea es reunir información para crear una estrategia de acercamiento al mercado de empleo. En el momento de hacer un DAFO se debe de haber acabado el CV, tener claros los puestos objetivos y haber realizado un buen estudio de mercado. Sin olvidar, por supuesto, la fase previa de autoconocimiento.

El DAFO me permite responder preguntas sobre mí como candidato: ¿Qué tiene el puesto que no tengo yo? ¿Qué puntos fuertes del sector tengo? ¿Qué aporto a la empresa? ¿Por qué me cogerían a mí y no a otro? Y también preguntas sobre el puesto, la compañía y el sector ¿Qué conozco de estas empresas? ¿Cuáles son sus valores y sus políticas laborales? ¿Encajo yo en ellos? ¿Tengo que mejorar algo? Al final hay que clasificar los resultados en:

- <u>Fortalezas</u>: por ejemplo, uno se puede sentir fuerte en cuanto a los años de experiencia. O tener un carácter extravertido de cara a ventas. Las fortalezas nos hacen especiales y diferentes.

- <u>Debilidades</u>: son áreas de mejora. Objetivamente hablando, un ejemplo de debilidad puede ser el desconocimiento del sector si estamos afrontando un cambio de sector. Otro ejemplo puede ser la falta de dominio de los idiomas necesarios para el puesto.

- <u>Oportunidades</u>: son las áreas donde el éxito puede ser probable. Una oportunidad puede ser una promoción dentro de la empresa, la posibilidad de aprender un nuevo software como SAP, etc. Otro tipo de oportunidad puede ser entrar en un entorno multinacional. Las oportunidades siempre van acompañadas de un sentimiento optimista y positivo.

- <u>Amenazas</u>: son todo aquello que pueda ser un obstáculo para el éxito. No pensemos en compañeros de trabajo conflictivos (que pueden ser un problema, pero todavía no lo sabemos), sino en otro tipo de amenazas tangibles. Una amenaza es, por ejemplo, el riesgo de encasillarse en un sector o en un puesto si escogemos la opción de la continuidad. Otra puede ser que el tipo de empresa objetivo sea muy agresiva en resultados a corto y se incremente con ello, también el riesgo de nuestro fracaso, si no los obtenemos.

El análisis DAFO requiere mucha honestidad por tu parte y un acercamiento muy realista. Se debe basar, siempre que sea posible, en datos, no en apreciaciones. Por ejemplo, para saber si diez años de experiencia laboral en un sector son una fortaleza o no, habría que comparar con los años que se suelen pedir para un puesto similar en el mercado.

La peor combinación posible en el DAFO es la de ser débil en un campo y que esto sea, encima, una amenaza para el puesto. Un ejemplo muy claro sería trabajar de cara al cliente internacional y no tener suficiente nivel de inglés. Definitivamente, esta parte del DAFO requiere de acciones urgentes para compensar las debilidades. No esperes a la entrevista, ¡reacciona ya!

La idea principal detrás de un DAFO es la de convertir las amenazas en fortalezas. Al final, la clave es salir del área débil y trabajar al máximo en el área de fortalezas y oportunidades.

Después del DAFO hay que crear un plan de acción para mejorar nuestras aptitudes. Primero, haciendo frente a las debilidades, y segundo, fomentando las fortalezas de cara a los entrevistadores.

Análisis Dafo de la Búsqueda de empleo

Externo / Interno	Amenazas	Oportunidades
Debilidades	~~Estrategia de supervivencia~~ ↓ Reforzar las debilidades	Re-diseñar la estrategia
Fortalezas	Estrategia de defensiva	~~Estrategia Ofensiva~~ ↓ Estrategia de búsqueda

RESUMEN

El DAFO (Debilidades, Amenazas, Fortalezas, Oportunidades) es una herramienta de gran utilidad en un contexto de autoconocimiento previo a la búsqueda, de forma que tengamos la oportunidad de reaccionar antes de contactar con el mercado.

Un ejemplo de estrategia

Mientras recopilas información de las empresas objetivo, anota también nombres, localizaciones, etc. de cara a contactar con esas personas en algún momento. No olvidemos que el 70% de los trabajos se consiguen moviendo contactos. Te hablaré de ello más a fondo en el capítulo siguiente.

Hace unos años fui a una conferencia muy interesante con ponentes de alto nivel del sector de la automoción. Me gusta ir a estas sesiones porque aprendes muchísimo y tienes, además, oportunidad de conectar con gente nueva. La gente me dice que soy un buen *networker*, y creo que es porque tengo dos características innatas: me gusta conocer gente nueva y cultivo los contactos durante años, los cuido como hago con los amigos. Si te sientas a mi lado en uno de mis frecuentes vuelos y veo que haces algo en el ordenador o lees algo que me llame la atención, es probable que te empiece a hablar y al aterrizar salgas con mi tarjeta en la mano. ¿Has probado alguna vez en un vuelo transatlántico a pasear por la zona de bebidas? Hay gente interesantísima como tú buscando conversación. No siempre sacas un contacto, pero a veces aprendes de un sector o conoces profesiones que no conocías, o simplemente te dan consejos del país al que vas porque lo conocen mejor que tú.

Volviendo al tema de la conferencia... Aquél día escuché a cuatro directores muy interesantes. Vi su nivel de *Management*, sus estrategias funcionales, etc. Me pareció especialmente interesante la ponencia de un directivo, sus comentarios y la forma de acercarse al sector. Pensé que podría ser un buen jefe, pero en aquel momento estaba contento con mi trabajo. Cuando un tiempo después empecé una búsqueda, inmediatamente, pensé en aquel ejecutivo. Me costó llegar hasta él. Tenía que haberme quedado al final de la charla y haber intercambiado tarjetas, pero no lo hice. La ley de la segunda oportunidad es muy aplicable a contactos. Así que empecé a moverme y encontré un contacto de la escuela de negocios ESADE (con la que he desarrollado mi carrera profesional) que tenía una prima que trabajaba en la misma empresa que el ejecutivo. Hablé con la prima y me proporcionó información sobre la estructura de la empresa. Conseguí por otra vía su e-mail, pero me pareció molesto y agresivo escribirle directamente (hoy en día lo es todavía más). Así que mi estrategia fue pedirle amistad por Linkedin. Esperaría una semana a ver si era aceptada y como último recurso escribiría un correo breve a su trabajo para reforzar la petición de Linkedin. Así fue como me aceptó en Linkedin, lo cual fue un éxito, dado que se trata de una persona con un entorno de contactos muy reducido. Sin embargo, no contestó a mi siguiente correo solicitando 5 minutos de su tiempo para presentarme. Fin de la estrategia.

Me gusta dar este ejemplo en mis talleres porque es una estrategia que creé y seguí con éxito, pero el contacto no estaba abierto. Al final son las personas las que deciden si nos quieren escuchar o no. También pongo este ejemplo por dos razones más. Una es para ilustrar que al final siempre podemos llegar a nuestro objetivo por un camino u otro. Lo único que debemos valorar es si nos compensa el tiempo dedicado. También hay que saber parar a tiempo. La otra razón es para explicar que no recabé toda la información de la empresa que necesitaba. Posteriormente me enteré por otros contactos que la empresa de aquel ejecutivo era muy endogámica y de difícil acceso, en la que apenas reclutaban ejecutivos y donde se fomentaban, como en muchas empresas del sector, las promociones internas. De haber averiguado esto antes, podría haber dedicado el tiempo a preparar otras estrategias para otras empresas objetivo. Pero de todo se aprende. A caminar se aprende caminando y de las caídas uno se levanta más fuerte y sabio.

Capítulo 5: *Networking* o gestión de contactos

Cómo crear tu propia estrategia de contactos

Dicen de Andy Warhol, el gran maestro de ceremonias de la noche neoyorkina en los principios de los ochenta, que era una persona extremadamente tímida. A pesar de ello, podía ser un perfecto anfitrión en las noches de Studio 54, la legendaria discoteca de Manhattan. Te pongo este ejemplo para ilustrar que todos podemos socializarnos y hacer *networking* y relaciones públicas.

Crear y consolidar una red de contactos es algo que se debe hacer durante toda la vida. Cuanta más gente conozcamos, cuanto más los cuidemos y más les ayudemos, mejor nos irá. Y, llegado el caso, más fácil será encontrar trabajo si nos quedamos en paro o queramos cambiar. Hace poco un *headhunter* me comentaba que más del 70% de empleos se encuentran a través de contactos. Y es que los seres humanos funcionamos por contactos y por la confianza.

La estrategia de contactos es algo muy personal, pero existen ciertas recomendaciones que te pueden ayudar. Un contacto es, por definición, una persona de nuestro círculo a la que podemos acceder y con la que podemos conversar.

Básicamente es gente que conocemos. Dentro del rango de gente que conocemos hay diferentes grados, desde simples conocidos a amigos y familia. Pero de cara a la búsqueda de empleo, un contacto es cualquier persona a la que podamos acceder.

Fíjate en el siguiente diagrama:

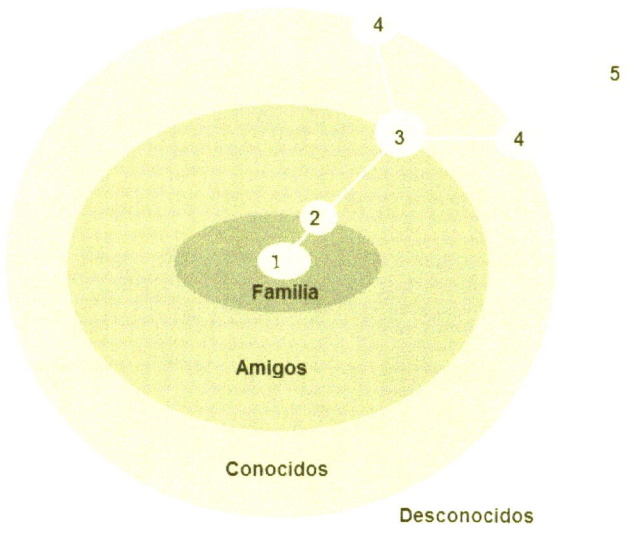

Los contactos se pueden clasificar en diferentes niveles según la proximidad. En el nivel 1 está la familia y los amigos íntimos, en el 2 otros amigos, en el 3 los conocidos cercanos, etc. A partir de ahí hay gente desconocida pero con la que (y esta es la buena noticia) podemos contactar. De hecho, según la teoría de los seis grados de separación, podemos contactar con cualquier persona en el mundo, ya que existe una cadena de contactos a partir de conocidos que nos puede llevar a cualquier persona en como máximo cinco pasos.

> EJERCICIO
>
> Ahora vamos a crear tu círculo de contactos para tu búsqueda de empleo. Dibuja en un papel círculos como los del gráfico anterior. Puedes crear satélites, si tienes, por ejemplo, asociaciones, grupos a los que perteneces, etc. Ahora incorpora a las personas una a una en la esfera que les corresponda. Te recomiendo hacer un diagrama por objetivo de búsqueda.
>
> Ahora piensa qué puede aportar cada persona a tu búsqueda (información, contactos), y más allá de eso piensa en qué os une y de qué podéis hablar pasando un buen rato juntos. ¿Te van surgiendo ideas de cómo gestionar tus contactos y la búsqueda? Si es así, apúntalas

No se trata de racionalizarlo todo y ser fríos. Hay que tener en cuenta también que las personas tenemos sentimientos. Mi amigo David es una persona con una posición muy alta en una empresa multinacional, pero siempre encuentra tiempo para llamarme y hablar conmigo. Es un *networker* natural y una persona extremadamente profesional. Para él, la clave del *networking* es tener interés sincero en la gente. La sinceridad es crucial. Si llamas a alguien te ha de alegrar hablar con esta persona. Si quedas con gente para comer o cenar debe ser porque te caen bien, te preocupas por ellos y estás predispuesto a ayudarles. De otra forma no funciona. La gente se va a aburrir pronto si ve que te mueves solo por intereses profesionales.

David opina que en algunos sectores y en algunas posiciones (sobre todo a nivel de altos ejecutivos), la gente vive el *networking*. No solo en términos de movimientos profesionales y promociones, sino en el día a día. Esto quiere decir que son capaces (siempre respetando las reglas del mercado y la ética) de hacer comparativa de prácticas en excelencia y apoyo mutuo, lo que incluye, por supuesto, participar en conferencias sectoriales y mantener activas sus conexiones.

Por tanto, la regla número 1 es que hay que hacer las cosas porque nos apetece y con toda sinceridad.

Volvamos al diagrama. Toma cada nombre y piensa cómo vas a contactar y qué mensaje vas a dar (si es específico). Ve creándote un plan de acción del tipo: "Comer con Amparo el miércoles", "Skype con Antonio el jueves", etc. Intenta organizarte toda la semana en función de la vida social.

No pienses solo en términos de negocio, sino también, de ocio. Piensa en cada persona, en lo bueno que te aporta, en su vidas, en qué le preguntarás y en cómo puedes ayudarla. Porque la base de la vida es eso: ayudar a los demás, tener empatía con ellos y apreciarlos. Ir "a saco" en cuestión de contactos puede ser una opción, pero muy cortoplacista. Las personas lo detectarán en seguida y se apartarán de ti (a menos que quieran también algo de ti de forma muy obvia). Has de construir relaciones a largo plazo (hoy por ti, mañana por mí) y, sobre todo disfrutar y pasar buenos momentos en familia y con los amigos.

No se trata de llamar a la gente para pedirle trabajo, sino de conocer gente, disfrutar de su contacto y ayudarlos en lo que puedas. Si estás en un momento de búsqueda, explícalo en tus conversaciones, pero no dediques a ello más de dos minutos. El resto de la conversación tiene que tratar de otros temas y ser fluida y agradable.

El *networking* puede ser una aventura. Permite algo maravilloso: ¡conocer gente nueva! Es un momento de apertura al mundo. Te pondré un ejemplo. La última vez que estuve sin empleo aproveché que tenía más tiempo para acudir a eventos. Un día fui a la presentación del informe salarial anual de la consultora Hays. Antes de ir había escrito al director, Salvador, solicitando la posibilidad de asistir (el equipo de Hays en Barcelona es muy agradable). Pensé que sería mucho más entretenido acudir con alguien e invité a una amiga. Vimos el informe, que fue muy interesante, escuchamos los discursos y a la salida charlamos un rato con el equipo de Hays, que a pesar de estar muy saturados nos dedicaron su tiempo. No solo fueron extremadamente amables, sino que nos invitaron a entrevistas informativas. Llegué a casa y me sentí muy orgulloso de mí. Había valido la pena.

Esta amiga es, precisamente, un buen ejemplo de cómo gestionar los contactos. De ella aprendí a no tener miedo de hablar con la gente, de contactar, pues no hay nada que perder y mucho que ganar. La regla número 2 es, por tanto, que hay que salir al mundo, ir a eventos donde creas que puedes encontrar y conocer a gente del sector o reclutadores. Has de mover tu mensaje de búsqueda.

La clave del *networking*: ¿Estás ayudando a los demás?

Como te apuntaba, la gestión de contactos no debe ser algo puntual de cuando buscas empleo: ha de ser parte de tu vida.

Todos conocemos a mucha gente a lo largo de nuestras vidas, algunas con mayor impacto que otras. La forma en que te relacionas con los demás marcará definitivamente tu vida y tu carrera profesional. Por ejemplo, hay que seguir la pista a los compañeros cuando se van de los trabajos. Es muy agradable, desde el aprecio, ver cómo tus amigos triunfan en nuevos puestos o siguen en el mismo trabajo cuando lo desean. Preocúpate por ellos de vez en cuando, anímalos si están bajos, escúchalos si están agobiados o simplemente ríe y pasa momentos con ellos.

El *networking* siempre funciona mejor en positivo. Nos movemos por la confianza y la confidencia. Piensa que si vas a cambiar de empleo has de poder contar confidencias a alguien de confianza. Contar cosas personales es como desnudarte ante otra persona.

La buena noticia para los tímidos como yo es que el *networking* se puede aprender, se puede desarrollar. Hay gente que lo lleva en la sangre, que tiene un don para las relaciones sociales, como mi amigo David, del que te hablaba antes. Pero los que no lo tenemos, también podemos aprender a relacionarnos de forma muy satisfactoria.

Cualquier oportunidad es buena para conocer a alguien. Por ejemplo en los vuelos. Intercambiar tarjetas de visita en los aviones tendría que ser obligatorio. Ahora plantéate con qué frecuencia lo haces, si a menudo entablas conversaciones con extraños, si llamas, envías e-mails a las contactos que conociste en un viaje o en una boda. No se trata de que lo hagas un día. Se trata de tener un sólido grupo de contactos y en evolución constante durante toda tu vida.

Un ejemplo rápido de la importancia de conocer gente. Conocí a una chica muy amable en un vuelo a Estambul, Gizem, que resultó ser una profesional del mundo del comercio. Intercambiamos tarjetas. Recuerdo sus últimas palabras: "Si necesitas algo en Turquía, dímelo". Le agradecí de corazón la frase y ya está, pero dos semanas después, cuando volví a Turquía y pensando en lo complicado que me resultaba tratar con los taxistas de Estambul, me acordé de ella y le pregunté si podía proporcionarme el nombre de una compañía de taxis profesionalizada que me recogiera con mi nombre donde la necesitara. Y me dio un contacto. Podría escribir un libro solo de anécdotas con taxistas en Estambul, así que le agradecí mucho el contacto. Por supuesto, si alguna vez Gizem me pide algo, la ayudaré. Porque cuando ayudas a alguien, ese alguien normalmente se preocupa por ti y en cuanto puede te devuelve la ayuda.

Si practicas el *networking* a lo largo de toda tu vida, cuando pasas de los 40 te das cuenta de que tu agenda de contactos está muy bien. Has crecido a nivel profesional y tus contactos, también. Por cierto, resulta muy agradable y enriquecedor recuperar contactos durante tus búsquedas laborales.

Lo importante, en cualquier caso, es ofrecerte a ayudar a tus contactos, y no exclusivamente en el ámbito laboral. Puedes ayudar enseñándoles inglés, mejorando sus webs o redes sociales, compartiendo conocimiento o simplemente tomando algo y escuchando sus problemas. El *networking* va sobre eso, sobre compartir situaciones como parte de una amistad. Sobre el compañerismo. El resto surge de forma natural. Después de hablar con tus amigos/conocidos/contactos, ellos le explicarán a los demás lo bueno que eres, cuál es tu situación o incluso pueden recomendarte: "Conozco una persona perfecta para esa posición". De hecho, ciertos niveles de ejecutivos funcionan casi exclusivamente por recomendación.

Guía para acceder a gente interesante

Si quieres acceder a posibles reclutadores necesitarás un buen plan. Hay algunas normas que debes respetar, como la de no molestar ni acosar a nadie. Otra es evitar el contacto directo y el envío de largos mensajes no solicitados. Personalmente, odio recibir emails de una página de desconocidos a mi email de trabajo, especialmente si veo que son envíos genéricos sin mi nombre (el típico *copy-paste*). Lo mejor es llegar a la persona a través de contactos intermedios y ser presentado. Si quieres conocer a alguien, repasa antes tu red de contactos para ver si tienes la oportunidad de llegar a dicha persona por medio de presentaciones. Linkedin ayuda en este sentido, pues te sugiere contactos interpuestos entre tú y otras personas.

Como decía Paulo Coehlo en *El alquimista*, "cuando de verdad quieres algo, el universo entero conspira para que lo consigas". Aplicado a la búsqueda de empleo, esto quiere decir que una vez que empiezas a contarle al mundo que quieres conocer una compañía o a una persona, tus contactos te sugerirán formas de llegar a ellas. Pide ayuda, no seas demasiado orgulloso, no estamos solos en este mundo. Además, te sorprenderá la de gente interesante que conocerás por el camino.

Imagina por un momento que tienes el *email* de una persona que quieres conocer y le vas a escribir. ¿Qué le vas a decir? Piensa antes en otra de las normas del *networking*: dar la oportunidad a tu interlocutor de contactar o no y de qué forma (por teléfono, por correo, en persona...). Por supuesto, tendrás que vivir con la respuesta negativa si llega, o incluso con la falta de respuesta. Es una lección difícil, pero no todo el mundo va a querer escuchar tu mensaje o quedar contigo. Lo has de respetar y no insistir más.

En caso de quedar con alguien, hay que ser educado, agradecer la oportunidad de hablar en persona, felicitarle por su posición, etc. Todo el mundo quiere oír cosas agradables. A la vez, tienes que ser directo en los puntos que te interesen y no hacer perder el tiempo a tu interlocutor. "El motivo por el que le llamo es...", y en ese momento preséntate bien (recuerda la práctica sobre cómo presentarte en dos minutos del ejercicio de este libro). Nunca pidas directamente trabajo. En lugar de eso, puedes explicar tus motivaciones para trabajar en compañías similares. En ese momento estás realizando una entrevista laboral completa, por ello se recomienda mostrarse seguro de uno mismo, hablar calmado pero firme. Si el entrevistador sabe cómo conducir la conversación será todo mucho más fácil; si no, tendrás que hacerlo tú. Mucho cuidado con los ritmos y las interrupciones. Si no ves interés por parte del interlocutor, deja siempre la puerta abierta para futuras colaboraciones. Hay que dejar siempre puertas abiertas.

RESUMEN

Las 10 reglas de oro de la gestión de contactos son:

1. Transmite de forma clara que estás en "proceso de búsqueda".
2. Relaciónate por gusto, no por obligación. Y siempre con sinceridad.
3. Ayuda a los demás.
4. No molestes ni acoses.
5. Evita el contacto directo, procura que te presente una persona intermedia.
6. Pide ayuda a tus contactos, si la necesitas.
7. Usa toda la educación del mundo.
8. No hagas perder el tiempo a los contactos.
9. Nunca pidas trabajo directamente.
10. Haz vida social siempre, no solo cuando busques trabajo.

CONSEJOS:

A continuación te resumo algunas de las cosas que he aprendido en mis búsquedas de empleo y que me gustaría compartir contigo:

1.- Las cosas siempre salen mucho mejor cara a cara que por teléfono (Skype sería un punto intermedio). Usa el teléfono, el email y las redes sociales para tu primer contacto, pues son herramientas muy potentes, pero en cuanto tu contacto te abra la puerta pasa al café, la comida y la conversación cara a cara. Donde más se puede apreciar la diferencia es en las entrevistas de trabajo, incluso con empresas de selección. Recuerda ser breve en las presentaciones telefónicas. La gente tiene cosas que hacer.

2.- Lo más importante en una reunión es que el contacto esté a gusto y encontréis temas en común. Cuando el tema de la búsqueda de empleo surja en la conversación tendrás que ser directo y claro en tu mensaje: "Estoy buscando esto", "necesito aquello", "busco acceder a tal empresa", "me gustaría conocer a tal jefe", etc. Después hay que volver a la conversación amigable. NO te puedes pasar toda la reunión hablando de búsqueda de empleo.

3.- Haciendo networking aprendemos mucho de nosotros mismos. Cuando nos abrimos a nuestra red de contactos, conocemos gente nueva, amigos de amigos, contactos de contactos. Fuera de nuestra zona de confort es donde aprendemos cómo comportarnos, de qué temas hablar, qué situaciones fáciles son en realidad difíciles y viceversa, etc.

4.- Piensa que ahora estás creando tu agenda de dentro de diez años. La gente nueva que conoces se va a quedar en tu agenda; los podrás seguir y te seguirán. Podrás disfrutar viendo su evolución laboral y ellos la tuya. Les recomendarás trabajos y, a su vez, te recomendarán contactos. Es la parte bonita del networking. Piensa siempre en crear relaciones a largo plazo.

5.- No pidas trabajo (ya lo he comentado, pero insisto porque me parece importante). No sabemos el impacto que pueden tener nuestras palabras en el interlocutor. El rechazo suele ser inmediato si pareces un aprovechado. En cambio, podemos crear un impacto positivo mencionando nuestra situación laboral actual, el sector y las compañías donde nos gustaría trabajar y por supuesto las áreas funcionales. Con esto estamos abriendo puertas.

6.- Haciendo lo que de verdad nos gusta o hacemos bien, todo es mucho más fluido. Empieza el networking por las actividades donde te sientes más cómodo, por tus hobbies. Y sé tú mismo lo más posible. Así es todo mucho más fácil. Yo descubrí que me iba mucho mejor la gestión de contactos con aquellas personas con las que tenía temas en común. Evidentemente, hay que sacar los temas en las conversaciones y exponerse a los demás, pero puedes escoger el nivel de apertura que quieres tener.

7.- **Es Importante siempre tener en mente el objetivo**, ya que nos puede aparecer una oportunidad en el momento menos esperado.

8.- Estás buscando trabajo, por lo tanto tienes, que **estar atento a los eventos o actividades que se celebran cerca de ti** y que te pueden ayudar a conocer gente. Seminarios, presentaciones, sesiones de networking, incluso, encuentros afterwork, que se han puesto bastante de moda. Durante estos eventos recuerda ser amable y educado, y siempre breve en tus presentaciones. Y recuerda con posterioridad dar las gracias a tus contactos por el tiempo dedicado durante el evento.

9.- **Ser agresivo es un error.** Se puede quemar el contacto en seguida por ser demasiado persuasivo, insistente o incluso molesto. Solo se puede ser muy directo en situaciones en las que no haya más remedio y siendo muy consciente de la posibilidad de perder el contacto. También en situaciones de profunda amistad, donde haya confianza. Ahí se puede ir al grano: "Me gustaría por favor que me presentes a tal persona…". Pero deben ser excepciones. La norma es que hay que relajarse y conocer a gente y esperar a que ellos te presenten a más gente de su círculo e ir tejiendo la red de forma paciente, pero con el objetivo en mente. Sin prisa, pero sin pausa.

10.- **Escucha a los otros y sus necesidades,** y ayúdales a cambio de nada. Hacer networking significa relacionarse. Hay que estar constantemente haciendo vida social. Cuanto más integrado en tu comunidad y abierto a más gente, más fácil te será encontrar un trabajo.

Cómo usar las redes sociales

Twitter

Si estás buscando trabajo, Twitter es una herramienta muy potente. De mi experiencia puedo compartir contigo los siguientes consejos:

1.- Abre una cuenta profesional separada de la personal. Twitter es muy dinámico para hablar con amigos y por ello nos puede distraer de nuestro objetivo. Procura que el tiempo empleado sea efectivo.

2.- Sigue a consultoras de búsqueda de empleo (usa el motor de búsqueda para encontrarlas por palabras clave como "consultoras", "empleo", "empresa de selección" etc. Cuanto más sectoriales, mejor. Si conoces el nombre de la persona quizás te sea más fácil una búsqueda directa.

3.- Haz búsquedas por empleos que te interesen, como por ejemplo "director financiero". Automáticamente verás cómo te aparecerán ofertas de empleo con esa búsqueda. Sigue también a la gente que ha publicado esas ofertas y revisa con posterioridad su *timeline* para encontrar nuevas ofertas.

4.- Oriéntate a resultados. Simplifica y evita la sobreinformación. Si tienes, por ejemplo, una empresa de selección para un sector diferente al que buscas, elimínala de tu "seguimiento". El objetivo es que tu *timeline* esté limpio de ruido y evitar distraerte.

5.- Deja abierta la puerta a recibir *emails* en los que Twitter te sugiera personas o puestos similares de vez en cuando. Twitter te recomendará empresas y personas similares a las que sigues. Sé receptivo.

6.- Sigue a empresas en las que quieras trabajar e interacciona con ellas. Te ayudará no solo a recibir las ofertas que publiquen, sino a estar al día del sector y a conocer mejor la estrategia de las empresas (resultados, áreas de crecimiento, nuevos productos...). Esto te aportará información del mercado.

7.- Intenta conocer profesionales como tú (I- encontrar). Una de las formas más sencillas es buscar por su puesto. Por ejemplo "Finance Director" y/o "automoción". Después selecciona del listado de *tweets* la opción "gente relacionada con".

8.- Intenta conocer profesionales como tú (II- interaccionar). Haz un uso racional de Twitter. Se recomienda tener contacto solo con quién se sigue. Agradece a la gente que te siga y haz comentarios interesantes a *tweets* de otros para tener un mínimo de relación con los demás.

9.- Sé un usuario activo. Di cosas interesantes y verás como la gente te responde.

10.- Sé honesto en toda la información que compartes. Se trata de tu marca personal. La gente te lee y con ello se crea una imagen de ti.

Linkedin

Como en la vida real, en Linkedin también importan las formas. Hace poco vi el mensaje de un directivo de muy alto nivel, que decía: "Antes de escribirme, pregúntate si de verdad me conoces". La primera gran regla de oro de Linkedin es: ¡Cuidado con la autopresentación!

La mayoría de personas son agradables y receptivas con el contacto inicial. Sin embargo, hay que vigilar con los límites y con el respeto a la privacidad. Si no escribes un *email* directo a una persona, ¿por qué le contactas por Linkedin, teniendo en cuenta, además, que es probable que lo lea en su teléfono personal?

Cuando era ejecutivo a nivel mundial en una multinacional tenía tan poco tiempo libre y tantos *emails* por leer que era muy poco receptivo al contacto. Cualquier correo enviado a mi dirección profesional que no mencionara a algún amigo o contacto en común solía ir directo a la basura. No aceptaba contactos directos de Linkedin que no fueran personalizados. O, en el mejor de los casos, por darles una oportunidad, aceptaba al contacto por educación y si el contacto no me escribía en una semana o dos, los borraba. Te juro que me lo apuntaba en la agenda: "Borrarlo". Porque presumo siempre de tener mis contactos al día en Linkedin y de que todos son conocidos míos. Solo con una excepción: personas que me escriben porque le gusta lo que escribo y me quieren seguir. Algunos nos tomamos en serio Linkedin y respetamos al máximo a los demás. Por ello, mis recomendaciones en relación con esta red social son:

- <u>Que te presente alguien</u>. No es lo mismo estar en un bar y que te presenten a una persona que ir tú con una copa en la mano y presentarte directamente. Si vas de parte de alguien y avisas al contacto de tus intenciones es todo mucho más fluido.

- <u>Si quieres escribir a alguien</u> y no dispones de la posibilidad de enviar un mensaje directo (es una opción de pago), pídele amistad. Acompaña la solicitud con un texto breve del tipo: "Escribo con referencia a nuestro conocido en común tal", o "me gustaría robarle 5 minutos de su tiempo para hablar del sector", o "sería una satisfacción poder conocerle". Frases educadas de contacto. Piensa que estás en el Versalles del siglo XIX o en el Londres victoriano acudiendo a un baile. Escribir en lenguaje coloquial puede resultar agresivo. Muestra el máximo respeto por tu interlocutor.

- ✓ <u>Linkedin no es una red social como Facebook</u>, aunque está evolucionando de forma muy parecida. No es recomendable comentar excesivamente, y menos de forma personal, las actualizaciones de estado que se van publicando. Aunque esto es muy personal y tengo amigos que lo hacen. Pero no nos olvidemos que mucha actividad en Linkedin siempre se ha asimilado a poco trabajo o mucho tiempo libre. Pertenezco a una generación para la que está mal vista la actividad en Linkedin desde la oficina. Evidentemente, los *millenials* han venido para cambiar estos pensamientos, ya que están hiperconectados. Además hay gente como yo que necesitamos el Linekdin para trabajar y debemos estar activo allí.

- ✓ Más que ninguna otra red social, <u>Linkedin crea un perfil de personalidad</u>. La gente puede ver si nos gusta un comentario publicado, si felicitamos públicamente a un compañero por su nuevo cargo, etc. Te creas una personalidad.

- ✓ <u>La personalidad en Linkedin va acompañada de actividad sectorial</u>. Te recomiendo participar en foros sectoriales, y escribir y hablar sobre tu profesión. Es una forma de ganar visibilidad. Aunque la visibilidad en las redes sociales no es suficiente sin un acercamiento a los contactos.

- ✓ <u>Linkedin últimamente permite escribir</u> como si se tratara de un blog. Cuidado, porque esta característica solo es recomendable para *bloggers* expertos. Empezar de cero en un *blog* de Linkedin sin saber cómo escribir es un riesgo.

- <u>Linkedin lo pone fácil y favorece el contacto entre los conocidos</u>. Te recuerda el cumpleaños de tus contactos, cuánto tiempo llevan en sus empresas, etc. Es decir, incita a la comunicación. Aprovecha esta oportunidad.

Finalmente, insisto en que hay que tener los contactos justos, como en la vida real. Utiliza Linkedin de forma sana y natural. Tener contactos por tenerlos no sirve de nada.

Capítulo 6: La entrevista

La preparación de la entrevista

Nunca deberías ir a una entrevista sin prepararla, igual que nunca deberías ir a un examen sin haber estudiado. Aunque sea lo que se suele llamar una "entrevista informativa", donde alguna empresa de selección o *headhunter* se interese por ti, debes prepararla bien.

A veces me acuerdo de algunas entrevistas de cuando era más joven. Me solían preguntar (sonrío al pensarlo): "¿Puedes, por favor, comentarme algún logro de tu experiencia anterior?" Y yo, que no estaba preparado, decía: "Mmmm..." y trataba de pensar rápidamente. Al final daba un ejemplo, pero improvisado, porque no pensaba en preparármelos... ¡Era tan ingenuo!

Hay una serie de preguntas que debes tener memorizadas y más que preparadas. Por supuesto que puedes responder pensando bien la respuesta, pero el efecto no es comparable al de una buena argumentación preparada a conciencia, con un buen hilo conductor y con ejemplos clave.

A continuación vamos a ver diez pasos simples para la preparación de una entrevista:

1.- Lee detalladamente la descripción del puesto

Si no dispones de ella, pídela. Pregunta los detalles del puesto. Hay que saber bien dónde presentamos nuestra candidatura y lo que buscan las empresas. En las descripciones de los puestos, al principio, suele haber una breve explicación sobre la empresa y la posición. Piensa en qué tipo de empresa es, a quién vas a reportar (directa e indirectamente), quién te reportará a ti, si dirigirás un equipo, cómo de técnica es la posición, qué aptitudes son necesarias, etc. La descripción del puesto es la biblia para ti, y siempre puedes volver a ella ante cualquier duda.

2.- Investiga el perfil de la empresa

Hay que conocer bien dónde aspiramos a trabajar. En mi opinión, son importantes la misión y los valores de la empresa. Y debes empatizar con ellos. Después entérate bien de la situación financiera de la empresa y sus cuentas de resultados. Por supuesto, el perfil de la posición te marcará mucho en la decisión, pero no es lo mismo trabajar en una empresa en expansión que una en plena reducción de plantilla. Lo siguiente es investigar cuántos centros productivos tiene, dónde (en qué países), los clientes principales, etc. Piensa en empresas similares y productos parecidos con los que hayas trabajado para encontrar ejemplos.

3.- Complementa tu información de la empresa con información extra.

Ayuda saber cómo se organiza por dentro la empresa. En Wikipedia hay mucha información sobre la estructura interna de las grandes empresas. Otras publican sus organigramas. Lee artículos de internet para tratar de entender quién es quién en la empresa. Busca en tu red de contactos gente que esté trabajando o que conozca gente trabajando en esa empresa e intenta hablar con ellos. Si estás en una entrevista y consigues trasmitir a tu entrevistador que has trabajado en empresas similares o al menos que sabes lo que buscan en un candidato, tienes más puntos.

4.- ¿De verdad quieres esta posición?

Ahora que tienes la información, sé honesto contigo mismo y pregúntate de verdad si quieres trabajar en esa empresa y en ese puesto. Mientras escribo esto recuerdo una vez en que me retiré a mitad de un proceso de selección después de comprobar cómo funcionaba por dentro la empresa y tener *feedbacks* negativos de gente que trabajaba en ella. Si te sucede esto, no pasa nada. Lo comentas educadamente y ya está. Recuerda: no hagas nunca perder el tiempo a la gente. Sería mucho peor hacerlo después de haber conocido la empresa o en la última parte del proceso.

5.- El análisis de tu experiencia

Ahora vas a preparar tu perfil, empezando por los conocimientos técnicos que se ajustan a la descripción del puesto. Un consejo aquí es que con la información que tienes tal vez puedes ya preparar el *elevator pitch*, es decir, la presentación simple de dos minutos de ti mismo. O sea, la respuesta a la pregunta: "¿Podías presentarte a ti mismo?" En este punto has de combinar los ejemplos prácticos de experiencias anteriores con los requisitos del puesto. Y ser honesto, realista y breve. "Lo breve y bueno, dos veces bueno". Sigue completando el *elevator pitch* con los siguientes puntos.

6.- Tu análisis de competencias

Cada posición requiere unas competencias específicas, que pueden ser más a nivel de *manager* o a nivel técnico, más de sociabilidad o de individualidad. Esta parte es bastante difícil, probablemente, la más difícil de la preparación de la entrevista. No todo el mundo es un gran líder, social, dinámico y emprendedor. Debes entender aquí que no hay un estándar. Simplemente, rellena con honestidad y autoconocimiento esta parte. Recuerda que en la parte de preparación del CV ya has hecho un trabajo similar.

7.- Preguntas personales

Ahora que tienes preparada la parte más técnica de la entrevista, las competencias, llegamos a la parte personal. Es muy normal hacer preguntas de personalidad e incluso preguntarte sobre éxitos y fracasos en la carrera profesional. En cuanto a los éxitos ,es fácil prepararlos, pero normalmente uno no está preparado para hablar de los fracasos. Un fracaso puede ser, por ejemplo, un proyecto en el que no salió bien el lanzamiento. En este caso, explicar el contexto, el caso, cómo ocurrió y sobre todo, qué aprendiste. Porque todos podemos equivocarnos, pero tenemos que aprender para que no vuelva a ocurrir el mismo error. Por ejemplo, "a raíz de ese proyecto aprendimos la lección y estandarizamos cuatro actividades clave en el lanzamiento de proyectos".

8.- *Dresscode*: la primera impresión marca

Cada posición tiene un *look*. No podemos evitar el hecho de que vendemos imagen. La primera impresión marca. Vistámonos entonces como requiere la posición. No es lo mismo un director comercial que un publicista. Algunas empresas se toman más en serio los *looks* que otras, pero siempre hay un *dresscode*. También es importante que te sientas cómodo y relajado, dentro de lo posible. No vayas ni demasiado llamativo, ni muy exclusivo, ni excesivamente casual. La ropa exacta que te haga olvidarte de que estás en una entrevista. Zapatos siempre muy limpios. Imagen limpia en general, siempre de acuerdo con el sector y el perfil buscado. Escribo esto y me río por dentro, porque recuerdo cuando le dije a mi hermano que para la entrevista de su actual trabajo fuera con camisa de manga larga y tapara sus tatuajes. Me hizo caso, pero en mitad de la entrevista, a causa del calor de septiembre y en un descuido, se remangó la camisa y mostró, sin querer, los tatuajes. ¡Y les encantó! Es una *start-up*, el ambiente es muy relajado y valoran muchísimo la creatividad y la diversidad. Le cogieron no solo por el perfil, sino porque encajaba en el ambiente de la empresa.

9.- Durante la entrevista

Siempre mira a los ojos de tu entrevistador, y no te concentres solo en una persona si hay más de un entrevistador. Recuerda mostrar proactividad en la forma de contestar las preguntas, pero sin sobreactuar. Simplemente, muestra interés y sonríe, siempre sonríe. Intenta verte en la posición. Conozco a una persona que ha trabajado siempre de recepcionista y cuando la ves inmediatamente ves a una recepcionista (por la suavidad al hablar, las maneras...). Compórtate en la entrevista como se espera que te comportes en el puesto.

10.- Después de la entrevista

Ser educad@ y encantador@. Agradece la entrevista y el tiempo prestado para poder presentar tu perfil. Puedes llamar o escribir alguna vez para mostrar interés, siempre teniendo en cuenta lo lentos que son los procesos por norma general.

Por último, insisto en que lo más importante es ser uno mismo durante todo el proceso de la entrevista.

Puntos débiles

Me he dado cuenta de que hay un punto crítico en la preparación de las entrevistas que a menudo no se tiene en cuenta: el conocimiento de nuestras propias debilidades. Por ejemplo, yo me pongo nervioso antes de una entrevista, sea de lo que sea. Con la edad no solo he aprendido a estar menos nervioso y anticipativo, sino que a veces, a escondidas, me pellizco en la pierna como forma de parar los nervios y distraer al subconsciente. No puedo cambiar mi timidez, pero sí puedo evitar que mi interlocutor note que estoy nervioso.

Veamos otro tipo de debilidades. Para mí una debilidad es una inseguridad que puede ser rápidamente detectada con una pregunta de entrevista. La inseguridad más común es la que provoca la pregunta: "¿Por qué dejaste tu último puesto?" A menudo el entrevistado empieza a ponerse nervioso y cuenta una historia, generalmente larga, a la que siguen las preguntas del entrevistador, ya que de pronto tiene dudas. Así, pueden pasar diez minutos en los que el entrevistado baja puntos y pierde la confianza en sí mism@ para el resto de la entrevista.

Las preguntas difíciles se pueden preparar con respuestas sencillas y breves, pero las inseguridades se deben tratar de una forma un poco más seria. Se podría hablar largo y tendido sobre las inseguridades. De hecho, hay una fina línea entre inseguridades y obsesiones. Mucha gente se vuelve obsesiva después de una experiencia negativa de despido y le cuesta mucho superarla. Sucede, por ejemplo, cuando te despiden después de muchos años en la misma empresa. Hay gente que incluso se pone a llorar si la salida fue muy traumática (lo he visto). En mi opinión, uno decide hasta dónde llevar la inseguridad en su propio proceso de cura, pero cuanto antes lo trate, y si hace falta, con expertos, mejor, para poder afrontar el tema en las entrevistas.

En una ocasión ayudé a una chico, Edward, a encontrar trabajo. Uno de sus miedos era que no había utilizado anteriormente un *software* de programación para la gestión administrativa que pedían últimamente para su puesto en las entrevistas. Estaba realmente preocupado, así que dedicamos un buen rato a ver cómo saltábamos el obstáculo. Al final se le ocurrió a él mismo que hablaría con amigos suyos y pasaría un par de días trabajando gratis para ellos a fin de aprender el funcionamiento básico del *software*. Cuando volvimos a hablar me comentó que era mucho más fácil de lo que creía y que ya podía decir que lo había utilizado a nivel *beginner*. Mucho mejor esto que no saber qué contestar en la entrevista.

Un par de inseguridades muy comunes con las que me he encontrado son: "Soy demasiado mayor para encontrar trabajo" y "llevo demasiado tiempo sin trabajar". Lo más triste del tema de las inseguridades es que todas tienen un pequeño componente real. Es cierto que el mercado muchas veces discrimina por la edad, pero también es cierto lo opuesto: que una persona muy cualificada puede encontrar trabajo independientemente de la edad. Las buena noticia es que un buen reclutador normalmente mira más allá de la edad y se enfoca en la persona y en el talento. Esto quiere decir que todos podemos tener un pequeña desventaja comparativa con otros candidatos en cualquier ámbito, pero que si la sabemos suplir en la entrevista con motivación y otras aptitudes y competencias, es salvable. Piensa durante la preparación en cómo compensar estas desventajas. Hay que relativizarlas y, sobre todo, darle la vuelta a las inseguridades. Y no pasa nada.

En mi caso (y esto es algo que le he explicado a muy poca gente) hasta hace poco tenía miedo de que me preguntaran o investigaran sobre mi vida privada y que me rechazaran al no encajar en lo que se espera de un ejecutivo. Siempre había presupuesto que un ejecutivo tenía que estar casado y con hijos. Son presunciones. Un soltero de vida alegre también puede ser ejecutivo y profesional. Ahora tengo preparada una respuesta de 30 segundos sobre mi vida personal y privada, y ya no tengo miedo de que me pregunten sobre esta cuestión. Ha dejado de ser una pregunta difícil para convertirse en parte de mi perfil.

Hay inseguridades basadas en miedos y presunciones, y otras basadas en nuestra personalidad y en cómo nos vemos (o cómo pensamos que nos ven). No hay más en la vida que asumir que somos lo que somos y cómo somos. Hablando con dos ex jefes que en su momento me contrataron, me han confesado que pensaron en la pregunta difícil, pero que no la hicieron porque no pensaban que afectara a mi trayectoria profesional. Les pareció que lo importante era mi motivación y mi amplia experiencia profesional, no mi vida personal.

Al final, ¿qué es lo peor que puede pasar, que te pregunten algo difícil o políticamente incorrecto? Te voy a contar un caso que nunca olvidaré. Es el de una antigua compañera de universidad. Fue a una entrevista con un fabricante de coches para entrar como becaria. Todos queríamos en aquella época hacer aquellas prácticas con EL FABRICANTE DE COCHES. Le hicieron una pregunta difícil sobre el hecho de ser mujer y sus expectativas en la vida. Ella se convirtió en la heroína de la clase al contestar: "Si no queríais contratar mujeres, ¿por qué me habéis invitado a la entrevista?" El entrevistador se disculpó, pero el daño estaba hecho y no quisieron trabajar juntos. Afortunadamente ha llovido mucho desde los noventa y las compañías de hoy en día no se arriesgan a perder el talento femenino (ella es hoy una gran ejecutiva).

Vamos a concentrarnos entonces en cómo luchar contra las inseguridades. Partiremos del dogma de que hay una ventaja para toda desventaja en la vida. Por ejemplo, para la presunción "soy demasiado viejo" existe la explicación "soy una persona experimentada y lo voy a enseñar en la entrevista". Para el miedo "pensarán que soy muy orgulloso y sabido" existe la explicación "soy una persona con seguridad que transmite seguridad en las entrevistas", y así sucesivamente. Es muy importante conocer nuestros miedos limitadores, saber darles la vuelta y convertirlos en fortalezas. De eso va el DAFO, como hemos visto antes, y aquí en concreto es más importante que en ninguna otra parte de la búsqueda. Hay que concentrarse en los aspectos positivos durante la preparación de la entrevista, reforzarlos y sacar lo mejor de uno mismo. Tendrás una hora como máximo para demostrar que eres capaz de conseguir ese empleo, así que no pierdas el tiempo con las debilidades. Respuestas rápidas y breves, y sobre todo naturales.

Una advertencia: cuidado con la sinceridad en otras lenguas. Hablo alemán de manera fluida y una vez una compañera de recursos humanos, en una entrevista compartida, me pidió que le preguntara al candidato en alemán lo siguiente: "¿Qué tal llevas la presión y qué pasa cuando las cosas no salen como quieres en el trabajo?" Lo hice y dio la respuesta que esperábamos o intuíamos. En una lengua extranjera uno se deja llevar y no puede controlar a veces los pensamientos, lo que le obliga a ser más sincero, sin proponérselo. Cuidado con la sinceridad en las preguntas en otras lenguas.

Cómo preparar una entrevista de trabajo en una tarde

A veces todo se precipita: te llaman cuando menos te lo esperas, les ha gustado tu CV y tienen prisa por conocerte. Creen que encajarías en la posición y te quieren presentar a tu futuro jefe, que entre vuelo y vuelo tiene tiempo para una corta entrevista... ¡mañana!

Así que tienes apenas una tarde para prepararte la entrevista. ¡¿Y ahora qué?! Primero te vas a encerrar en tu casa o en tu despacho, o sea, en un sitio donde puedas hablar solo y recitarte tu CV y explicar tus argumentos como si estuvieras en la entrevista. Ponte música relajante para crear una atmósfera introspectiva. A continuación y de forma rápida revisa tu CV y explícate a ti mismo quién eres. No sigas estrictamente el CV. Explícate tu camino en la vida, cómo has llegado hasta aquí, desde donde empezaste y por qué.

Crea tu propio *elevator pitch* y, con ello, tu propia historia. Si te quedas bloqueado en algún punto, para y medítalo de nuevo. Quizás sea esa parte un momento difícil en tu carrera y requiera de más explicación. Piensa qué pasó antes y después de ese momento, dale una vuelta, pero no pierdas más tiempo si ves que no avanzas. Si se te ocurre una explicación, tienes un 20% de la entrevista. Y si no, mañana en la ducha se te ocurrirá algo.

Cuando hayas acabado de repasar el CV, revisa la descripción del puesto. ¿Encajas? ¿Qué diferencias ves? ¿Qué funciones similares has realizado con anterioridad? Completa el *gap* entre posición y CV con ejemplos y situaciones similares a las de la descripción, mostrando tus éxitos y tus habilidades y competencias. Ya tienes otro 20% de la entrevista preparado, o sea, un 40% en total.

Ahora debemos darle importancia a la parte de "cumplir con las expectativas". Piensa en el reclutador potencial: qué esperará de alguien como tú, cómo debes de actuar. Por ejemplo, de un director de calidad se espera que tenga mucho rigor y sea serio y formal con los plazos, a la par que resolutivo y detallista (entre otras cosas). Por ejemplo, de un director de calidad en el sector de la moda (p.e. *retail*) se espera diferenciación entre tejidos y conocimiento del producto (ropa). Hablamos, pues, de competencias (director) y de aptitudes (conocimiento del sector/producto/función y de calidad). Si no tienes las dos partes, remarca la que te de ventaja y muestra motivación por la otra parte. Otro 20% de la entrevista en el saco (el 60% ya).

El resto va a ser todo motivación. Pregúntate si de verdad quieres este puesto, si cuadra con tu trayectoria profesional, si puedes crecer en esa empresa y PORQUÉ. Ese porqué es tu arma motivacional. Empieza tus frases de la entrevista con "quiero trabajar en esta empresa porque..." o "me motiva esta posición porque....". Si no consigues encontrar la motivación, simplemente no vayas a la entrevista. Esta parte supone un 30% (ya llevas el 90%).

El 10% restante (los porcentajes son orientativos, por supuesto) consiste en ser tú mismo. Piensa en ti. A menudo se escogen candidatos más por ellos que por la experiencia técnica, que puede adquirirse o ser transmitida. Llegado el momento, responde a todas las cuestiones de forma educada y positiviza las respuestas negativa. Y sobre todo ¡muestra motivación!

Cómo empezar bien una entrevista de trabajo

Siempre comparo las entrevistas de trabajo con los conciertos. Te pones nervioso con mucha anticipación porque sabes que tendrás la oportunidad de que un público vea tu talento. Por eso, como los cantantes y los músicos debemos tener nuestros trucos para empezar bien las entrevistas. Los primeros minutos son claves para dar una buena impresión. Si esa impresión es mala, es difícil cambiarla después.

Lo primero es tener bajo control los aspectos técnicos, no perder tiempo, por ejemplo, buscando el usuario de Skype o un lugar con buena conexión a internet si la entrevista es a distancia. Hay que comprobar antes estos aspectos. Lo mismo con los números de multi-conferencia. Tantos años empezando las reuniones diez minutos tarde por la no asistencia del público de la conferencia te enervan tanto que no quieres recordar esa sensación con el retraso de un candidato. En mi caso, no soporto los retrasos ni llegar tarde, por lo que lo valoro bastante. La mayoría de mis amigos directivos lo son también, con alguna excepción. E incluso los que forman parte de la excepción se conectan a tiempo en situaciones especiales.

Encuentra un término medio entre mostrar motivación y epatar o ser prepotente al mostrar interés por la empresa. En las entrevistas se da por hecho que los candidatos han visitado la web de la empresa y han buscado otras informaciones. Pero no digas: "He visitado la web y conozco muy bien la empresa" ni "se perfectamente lo que hacéis" ni "trabajáis de tal manera". Es muy molesto estar frente a un candidato que te está explicando tu propia empresa. Lo he vivido. Hay que ser muy sutil y discreto, lanzar píldoras de información para que el entrevistador acabe las frases con sus comentarios y sea un diálogo. O bien mostrar optimismo y motivación: "Me parece interesante vuestro crecimiento, ¿cuál es el secreto?". O bien, si tienes preguntas técnicas, mencionar que te las guardas para el final.

Evidentemente, todo depende del *feeling* con el entrevistador, pero la prudencia nunca está de más. Las preguntas que no tengan relación directa con la entrevista ni las menciones (como detalles del puesto o de la organización interna, siguientes pasos del proceso de selección, etc.). Pero si ves que para defender la posición necesitas saber bien a quién reportarás, no dudes en preguntar y mentalmente prepárate las siguientes preguntas mientras te lo explican. Siempre aprecio el interés de los candidatos, pero les emplazo a formular sus preguntas en los cinco minutos finales, que siempre guardo para eso.

Uno de los más graves errores de las entrevistas es no escuchar bien al entrevistador al comienzo. No en todas las entrevistas se hace una completa y detallada presentación de la empresa y del puesto, pero si se hace, ¡bienvenida sea! Es un regalo para el candidato. No solo te aportará la información que te faltaba en la preparación de la entrevista, sino que te permitirá completar el perfil de empresa y la posición. Además, te servirá para valorar cómo te ves en el puesto y en la empresa, ya que el entrevistador te está haciendo sentir parte de la empresa. La mayoría de nosotros tendemos a imaginarnos mentalmente las empresas y los puestos antes de las entrevistas. Esta presentación puede tener un efecto tanto positivo como negativo (efecto jarro de agua fría si no es lo que esperabas). En ambos casos intenta encontrar en tu archivo mental ejemplos acordes con la nueva información recibida.

Todo esto es clave para dar lo mejor de ti mismo en la entrevista. Las entrevistas hay que prepararlas igual que las reuniones.

Qué hacer con el ego durante la entrevista

El ego es un gran boicoteador de entrevistas. Puede arruinarlas a poco que te descuides. Veamos algunos ejemplos.

Soy una persona con la autoestima en su sitio y siempre me he sentido orgulloso de mí mismo, pero en una entrevista para un puesto en Munich tenía tan claro que era el candidato perfecto que me metí mucho en el papel y respondí a todo, digamos, como si ya trabajara allí. La entrevistadora me preguntó: "¿Por qué eres tan orgulloso?" ("Warum bist du so stolz?": en alemán suena mucho más fuerte). Recuerdo que respondí bien (dicen que soy muy agudo en las réplicas y que tengo buen temple), pero la cuerda se tensó. Mejor dicho, ella la tensó y yo la estiré. Hubo un problema de egos. Probablemente le parecí prepotente, y a mí me pareció insuficiente que solo valorase eso de mi discurso. Aquel día aprendí a subirme solo cuando esperen que me suba. Nada de cantar una aria al principio de la ópera sin que me lo pidan.

Otro error de no respetar el ego de tu entrevistador, es no mirarle a la cara. Hay entrevistados que fijan la mirada en el entrevistador de mayor rango y se olvidan del que será su jefe directo. ¡Craso error! El jefe directo pesa mucho en la decisión, y por más que hagas bien la entrevista y mires al jefazo, buscará las excusas necesarias para no cogerte si no se siente atendido como jefe delante del candidato. En el peor de los casos, si le encantas al jefe más alto y te escoge, tendrás en contra al jefe directo y te costará trabajar con él hasta que deje de verte como una amenaza. Son pequeños errores de entrevista con severas consecuencias. Así que relaja tu ego, ya te apreciarán cuando te conozcan. No quieras tomar café con el CEO el primer día, ya te invitarán más adelante.

El ego también emerge cuando se deja un espacio al candidato para mostrar interés como he comentado anteriormente. Está bien, por ejemplo, mostrar interés con comentarios del tipo: "He visto en la web que estáis desarrollando esta área de productos, me parece muy interesante". Esto sube el ego del entrevistador y te pone en valor a ti, pues muestras interés y conocimiento. Eso sí, procura no hacerte el enteradillo y que la entrevista no se convierta en una lucha de egos, en un "a ver quién sabe más". Sé humilde y pide información, y, sobre todo, intenta conectar con tu entrevistador.

Otra cosa importante: no interrumpas nunca al entrevistador por muchas ganas que tengas de exponer tu punto de vista o de contestar a una pregunta. Por muy rápida que vaya tu cabeza, deja acabar las frases y ten paciencia. Una entrevista es como estar en un café con alguien. Hay que saber escuchar al otro. Ahora bien, ser humilde no significa ser servil: un candidato demasiado sumiso no gusta a nadie. Has de estar a la altura del que te entrevista y de lo que se espera de ti para el puesto.

Hay un aspecto en el que siempre insisto: la espontaneidad. Esto incluye explicar el CV de forma natural, a tu manera. A nadie le gusta escuchar guiones preparados (he visto a candidatos leer textos). Sé tu mismo. Si no te coge una empresa te cogerá otra. Los buenos entrevistadores te verán en global, aunque tengas alguna respuesta más floja que otra.

La actitud debe ser siempre positiva. De los candidatos se espera sobre todo eso, con independencia de los errores que hayan podido cometer en el pasado. Provengo de una cultura latina-católica, donde hay culpas y condenas. Por eso aprendí mucho al trabajar con gente belga y holandesa. Su cultura no condena el error. De hecho, los comentan abiertamente, aceptan las consecuencias y aplican las lecciones aprendidas en futuras actividades y proyectos. Ahora sigo a rajatabla estos principios en mi día a día e intento, por encima de todo, aprender. Eso también se espera de los candidatos: la capacidad de aprender y de no explotar en momentos difíciles. Si tuviste un problema laboral en un contexto determinado, explícalo sin fustigarte ni avergonzarte, y, sobre todo, remarcando cómo después supiste aprender, estandarizar procesos y aplicar las lecciones aprendidas. Esta capacidad se valora muchísimo en las empresas, sobre todo a nivel de *Management*. No sirve de nada ocultar los problemas. Es mejor afrontarlos, solucionarlos rápidamente y aprender.

Las mejores entrevistas son aquellas que ocurren como si estuvieras en un café, aquellas en las que el espacio y el tiempo se difuminan y acaban alargándose más allá de una hora. Las mejores entrevistas son aquellas en que te hacen las preguntas correctas, las que permiten que saques lo mejor de ti. Las mejores entrevistas son, en definitiva, aquellas en que te expresas de forma clara, positiva y con motivación.

Las preguntas difíciles

Los reclutadores quieren asegurarse de que cogen al candidato adecuado, por eso les gusta tensar la cuerda y hacer preguntas difíciles en las entrevistas. A veces lo hacen porque quieren poner al entrevistado contra las cuerdas y otras, simplemente, porque necesitan información más detallada. No hay que tomárselo como algo personal ni darle demasiadas vueltas al porqué. Hay que limitarse a contestar una a una y de forma calmada las preguntas, tanto las fáciles como las difíciles.

Las preguntas difíciles pueden ser de dos tipos. Primero están las preguntas personales, de las que hemos hablado un poco anteriormente (estado familiar, personalidad...). Segundo, las relacionadas con el mundo profesional y las relaciones laborales complicadas. La segunda parte es mucho más difícil de preparar. Los temas personales los tenemos muy interiorizados. pero pocas veces nos paramos a pensar a fondo por qué hicimos esto o aquello en el trabajo.

Empecemos con los temas personales. Uno de ellos, sobre el que me pregunta mucha gente en mis talleres (sobre todo mujeres), es la conciliación familiar. Siempre hay que pararse unos segundos a pensar antes de contestar, mirar la cara del entrevistador y analizarlo. Si tenemos delante una persona con aspecto de trabajar 70-80 horas a la semana no podemos contestarle que queremos conciliar con nuestra familia antes de entrar en la empresa. Estamos simplemente ridiculizándole. Ya sé que soy políticamente incorrecto, pero la realidad es esta. Soy un gran fan de la conciliación personal y laboral a todos los niveles, pero admito que es muy difícil en la práctica. En la mayor parte de nuevos trabajos, en especial en los puestos de *management*, tendrás al menos seis meses iniciales de dedicación muy exclusiva. Si acabas de tener un hijo vas a verlo poco durante los primeros meses. Esa es la realidad. Mejor esperar seis meses o un año para el cambio laboral. Tampoco renuncies a conciliar, no pasa nada por ajustar tus cambios a tu vida personal, siempre que no renuncies a tu objetivo.

Si te preguntan si tienes impedimentos para viajar, recuerda que la sinceridad es un valor importante. Seguramente te hacen la pregunta porque hay gente que dice que no tiene problema y luego pone trabas. He vivido en mi carrera como jefe dos casos en los que el puesto requería viajar y la persona no lo cumplía, habiéndolo especificado en la entrevista.

Lo mejor ante este tipo de preguntas es ser sincero en la entrevista. Así que di las cosas claras. Conozco un par de casos en los que se pedía viajar más de tres días a la semana y los candidatos dijeron que no estaban dispuestos. Y se les respetó o no se les cogió, pero nadie dudó de su profesionalidad como en los casos de aceptar el trabajo y luego no viajar. Al final es tu vida y has de vivirla, pero ve con la verdad por delante.

Hoy en día, no obstante, hay muchas formas de poder conciliar. Mi recomendación es ser honesto y defender tu profesionalidad. También puedes dar ejemplos del tipo: "Si AL PRINCIPIO tengo que visitar los centros productivos no tengo ningún problema". Y continuar con un: "Posteriormente sería yo mism@ quién gestionaría mis viajes y coordinaría con los centros una constante comunicación, siempre bajo tu supervisión". Ser honesto y coherente significa cumplir luego con lo que digas en la entrevista. Lo cual no quita que alguna vez puedas plantarte si consideras que un viaje no es realmente necesario. Toda la gente que conozco a nivel ejecutivo viaja mucho, es cierto, pero por lo general saben encontrar momentos para su familia.

Siguiendo con las preguntas personales, ten presente que tu vida es tu vida y no tienes por qué ocultarla. Ser hombre-mujer-inmigrante-soltero-casado-con hijos-sin hijos es parte de tu vida. Véndela positivamente y explica cómo piensas afrontar tu trabajo y tu vida personal. Los reclutadores, no obstante, aprecian las pequeñas concesiones. Por ejemplo, si tienes dos hijos y tu pareja puede recogerlos a la salida del colegio, podrás gestionar mejor el tema de las horas extra o de las reuniones a las cinco de la tarde. En cualquier caso, no mientas, ni sobre tu realidad actual ni sobre tus intenciones. Lo más importante es mostrar empatía con la empresa. Imagínate que eres el entrevistador y ves que tu candidato empieza de entrada a ponerte condiciones en su jornada laboral. Cuesta de entender.

Aunque no hay que rehuir las preguntas personales, sí se puedan marcar límites . Yo lo hago. Si una pregunta no me parece relevante para un puesto y la considero más propia de una confesión entre amigos en un pub con una cerveza, soy muy seco en la respuesta. Contesto con monosílabos y, si el entrevistador insiste, digo claramente: "No veo que sea relevante para el puesto". A alguno puede gustarle la respuesta, pues demuestras carácter, pero generalmente se sienten rechazados. Evita siempre ser duro, no cuesta nada explicar algunas cosas en detalle. En cualquier caso, sé tú mism@. Piensa que si en una entrevista te cuestionan la vida personal o por qué abandonaste una empresa, luego será peor. A veces hay que marcar límites.

Un último aspecto a preparar concienzudamente y saber defender son los huecos o cambios en tu carrera. Siempre te van a preguntar sobre eso. "¿Por qué cambiaste de A a B?" o "aquí veo que estuviste un año sin trabajar". La gente se preocupa mucho cuando escucha respuestas raras a estas preguntas. Prepara bien una explicación breve y clara para cada salida o cada movimiento de tu carrera profesional con la intención de calmar la curiosidad del entrevistador. No trates de ahondar en ningún cambio. Tu objetivo es hablar del futuro, de tu candidatura, de tu motivación. No pierdas más tiempo que el imprescindible en estas preguntas.

En el cuadro que verás a continuación se muestran algunos ejemplos de preguntas difíciles. Muchas de ellas sirven para entender mejor tu estilo de gestión ante situaciones difíciles. Has de estar abierto a aceptar errores, pero siempre desde el análisis objetivo de la situación y positivizándola. Si es necesario muestra datos, porcentajes, describe ejemplos en contextos de empresa etc. que ayuden a tu interlocutor a entenderlo mejor.

Pregunta	NO responder	SÍ recomendado
¿Qué has estado haciendo en los últimos dos años de desempleo?	"He estado en búsqueda activa de empleo".	"He combinado la búsqueda activa de empleo con experiencias como..." Añade aquí todas las actividades de formación, apoyo a ONGs, etc. que hayas hecho. Muestra actividad.
¿Por qué dejaste tu anterior empresa?	La verdad cruda y de forma dramática.	La versión oficial pactada con tu anterior empresa. No pierdas tiempo de la entrevista en esto. Siempre se pregunta, así que tenlo preparado. Ellos podrán contrastar, si quieren, pidiendo referencias.

Pregunta	NO responder	SÍ recomendado
Dime tres aspectos positivos y tres negativos de ti.	Ser demasiado crítico con uno mismo, mostrar negatividad o profundizar demasiado.	Puntos negativos pueden ser, por ejemplo, venir de un sector distinto o no conocer productos nuevos. Son pequeñas desventajas en tu candidatura.
Describe brevemente cómo ves tu carrera profesional en los próximos 5 o 10 años.	"Me gustaría ser jefe" o "me gustaría ocupar tu posición, a lo que el entrevistador puede responder, en clave de humor: "Tendrás que matarme primero, ¿no?".	"Me veo haciendo crecer el departamento con tu contribución" o "espero que mi jefe crezca y yo con él". También puedes contestar que quieres mejorar tus conocimientos día a día y así contribuir al progreso de la empresa. No todo el mundo quiere una carrera profesional.
Cuéntame un caso de proyecto fallido y cómo reaccionaste	Enfocarse en aspectos técnicos y perder mucho tiempo explicando lo negativo.	Una pequeña explicación de la situación (que traerás preparada de casa). Enfoque en las lecciones aprendidas: qué aprendiste y qué hiciste para que no volviera a ocurrir. Siéntelo y transmítelo. La gente quiere que les transmitas seguridad.

Pregunta	NO responder	SÍ recomendado
¿Cuál fue la última vez que no opinaste lo mismo que tu jefe y por qué?	Discrepar de un jefe es una confrontación (mental). Nunca saltarse a un jefe e ir al de encima.	Las empresas buscan gente crítica, pero que sepan tanto explicar sus razones como asumir y aceptar decisiones de empresa. Puedes explicar la situación al jefe y las opciones que hay, incluso intentar convencerlo, pero al final la elección es suya y debemos asumirlo.
Por lo que veo, podría darse el caso de que estés sobre-cualificado para el puesto	"Podría ser verdad, pero..."	"No hay trabajos de más o menos cualificación, sino motivación por hacer el trabajo bien". Si estás en esa entrevista es porque vieron algo que les llamó la atención; cógete a eso como un clavo ardiendo y defiende el puesto, si de verdad estás sobrecualificado.
Pregunta	NO responder	SÍ recomendado
¿Por qué quieres trabajar en esta empresa?	"Todo el mundo sabe que esta empresa es líder de mercado. Me gusta.	OPCIÓN NEUTRAL: "Me gustaría poder aprender de vuestra empresa, número uno en el mercado. Asumir los

	Creo que encajaría en esta empresa y lo disfrutaría" Es la respuesta estándar que se espera de ti. No aportas información ni motivación.	valores de la empresa y contribuir a su éxito". OPCIÓN MOTIVACIÓN: "Quiero ayudar a esta empresa a crecer aplicando todas mis competencias como... y ... Os aseguro que voy a dar lo mejor de mí".
Pregunta	NO responder	SÍ recomendado
¿Tienes alguna pregunta?	"¿Hacéis tal producto? ¿Cuánto factura la empresa? ¿Tenéis localizaciones en tal país?"	Entablar una conversación haciendo preguntas interesantes. OPCIÓN ORGANIZACIÓN / POSICIÓN: "Estoy interesado en conocer mejor la distribución de las tareas en el departamento, cómo tratáis con esto o aquello en esta empresa." OPCIÓN PRODUCTO: "He visto en internet que estáis desarrollando este rango de productos, ¿Trabajáis con tal tecnología? ¿Cómo veis la evolución de tal producto? etc.

Típicos errores de entrevista

Ya lo he comentado antes, pero insisto: no leer nunca durante las entrevistas. Mucho cuidado con los *skypes*. Me resulta gracioso durante un Skype ver que el candidato está leyendo un texto. No dice mucho en su favor ni sobre su conocimiento, su preparación o su capacidad de improvisación.

Otra cosa que me divierte (en el fondo me gustan los *skypes* improvisados) es estar hablando con un candidato y que aparezca alguien de su familia o la persona encargada de la limpieza al fondo limpiando. Me distrae absolutamente y no acabo de captar siempre lo que me dicen. Suelo remarcárselo al candidato, pues no deja de ser una interrupción. Además, aunque me haga gracia, y se lo perdone, baja puntos a mi calificación del entrevistado.

Otro gran error es no tener preparados ejemplos cuantificables y demostrables de logros, o peor aún, improvisarlos y que se note. Los logros, ya lo he comentado, demuestran competencias. No solo eso: explicar lo que hacías anteriormente con naturalidad en una conversación de tú a tú transmite sobre todo sensación de profesionalidad.

Un gran error muy común es no calcular el tiempo de respuesta de las preguntas. Cíñete en tu respuesta a lo que te han preguntado. Probablemente el entrevistador tiene un guion de preguntas y quiere hacerlas todas. Si tiene interés ya profundizará en algún tema. Una hora es la duración estándar, aunque las grandes entrevistas pueden ser de hora y media o más. Siempre hago entrevistas fuera de horario, con lo cual, conociendo mi agenda y mi habitual optimización del tiempo, tendré reuniones, cenas o citas después de las entrevistas. Suelo tener preparadas las preguntas, por lo que por mucho que me guste el candidato, si se excede en las respuestas estaré nervioso por mi siguiente cita y no asimilaré las respuestas adecuadamente. Lo peor es que responda inadecuadamente a las preguntas y no haga caso a mis correcciones (intento ayudar al candidato). Entonces me evado de la entrevista, y eso es lo peor que puede pasar. Conclusión: habla lo justo, porque si hablas demasiado, la cabeza del entrevistador no procesará bien la información.

Más grave aún que alargarse es no contestar lo que te están preguntando (muy común si a uno le falta experiencia o no conoce la respuesta). Si no contestas una vez, te corregirán, si lo haces dos quizás te interrumpan, pero la tercera será el fin de la entrevista. Por eso es tan importante escuchar/leer atentamente la descripción del puesto y de la empresa. Recuerda: no hagas perder el tiempo a nadie.

Negociar tu salario en el proceso de selección

En algún momento de la entrevista te preguntarán por tus expectativas salariales. Puede que sea sido al principio, con el *headhunter* o durante la entrevista. Es obvio que cuanto más alta sea la posición, antes te lo preguntarán. Esto lo hacen porque saben que algunos ejecutivos no están dispuestos a dedicar el esfuerzo que supone un nuevo trabajo y una nueva empresa si no hay una compensación salarial detrás. Al contrario, hay rangos salariales que directamente dejan fuera candidatos.

¿Qué ocurre si en las primeras entrevistas te preguntan por el rango salarial? Evidentemente tienes que preparar este tema bien, tener un buen conocimiento del mercado y saber por dónde te mueves. Hay que saber siempre lo que uno vale, o mejor dicho, lo que está dispuesto a pagar el mercado. Hays Executive publica regularmente rangos salariales por puestos, años de experiencia y sectores. Échale un vistazo, te puede resultar útil.

Cuando te pidan una cifra, nunca des un valor concreto. Da un rango de máximo y mínimo por el que estarías dispuesto a cambiar, pensando siempre que al final quedará en un valor intermedio. Menciona siempre la palabra "estimación" y deja la puerta abierta en el sentido de que no quieres perder un trabajo por dinero si te parece motivador el puesto. Con esto, dejas claras por un lado tus expectativas, y por otro, tienes la posibilidad de rechazar un trabajo por dinero si ves que el rango que te ofrecen se va mucho de lo que pides.

Sobre todo deja claro que nada está escrito hasta el final del proceso y espera a que la empresa te haga una oferta concreta. Dales margen y respeta los tiempos que tengan para hablar del salario. Piensa que en muchos niveles el salario es lo de menos, pues buscan a LA PERSONA, e incluso les puede parecer molesto que menciones demasiado pronto el dinero. No voy a escribir aquí sobre tácticas de negociación, aunque me encanta negociar (sería largo, y ya hay libros sobre el tema). Solo te diré que en el mundo de la empresa todo tiene un precio, y que tienes que valorar lo que vales no solo por lo que has hecho en el pasado, sino por lo que vas a hacer. A partir de ahí verás si estás dentro de los límites de la empresa o no. Piensa que si la empresa acepta el máximo que pides y estás por encima del mercado, difícilmente podrás aumentar el salario una vez dentro y el nivel de exigencia puede ser altísimo. También conozco casos en los que llevaban tres años buscando un perfil y la empresa necesitaba al candidato, por lo que pagó lo que pagó.

Otra posibilidad es negociar una entrada con un sueldo y al cabo de seis meses, si la empresa está satisfecha, un aumento pre-pactado. Aunque, lamentablemente, he visto muchos casos en que esto no se ha cumplido, a los niveles que menos te imaginas y con un rendimiento increíble. Por eso, soy más partidario del "pájaro en mano..." y de dar lo mejor de mí en todas las empresas en las que estoy una vez dentro.

Me gusta que tanto la gente con la que trabajo como yo estemos bien pagados. Por eso, siempre aspiro a sueldos altos. Esto no es malo, pero debes tener en cuenta hasta dónde puedes llegar. Como decía Napoleón, a veces una retirada a tiempo no es perder la batalla. Ten en cuenta como norma general que una vez dentro cuesta más tener aumentos, pero no es imposible si tus resultados son buenos. A veces las empresas prefieren tenerte contento salarialmente a que te vayas. Piensa si vas a estar tiempo en la empresa o es un puesto trampolín, y si eres capaz de una reducción de salario por aprender una profesión en un puesto nuevo por ejemplo.

Como conclusión, es muy importante el conocimiento de uno mismo y del mercado, del sector en que vas a trabajar y de lo que cobra la competencia en ese sector.

CONSEJO

Si te gusta mucho un puesto, no salgas voluntariamente de un proceso antes de conocer la empresa. A veces debemos estar dispuestos a hacer concesiones, y el dinero no es todo en la vida. Además, piensa que si estás muy por debajo de mercado, en poco tiempo tu sueldo subirá o te llamará la competencia. Hay que ver los puestos de trabajo con un enfoque de carrera global.

Capítulo 7: Después de la entrevista

No eres tú

Supongamos que la entrevista fue muy bien y estás eufóric@. ¿Qué tienes que hacer ahora?

Podría parecer que después de una buena entrevista está todo hecho, pero no es así, aún falta un poco de esfuerzo por nuestra parte en el seguimiento. Por mucho que el futuro jefe te haya impactado o te hayas enamorado de la empresa, no es suficiente para tener una imagen completa de la organización. Es necesario seguir investigando y revisar la estructura interna de la empresa con gente que trabaje dentro. Normalmente ya lo has hecho en el apartado de la preparación de la entrevista, pero siempre está bien contrastar tus impresiones con la persona con que hablaste (siempre que el contacto te haya dejado las puertas abiertas). A veces es interesante también establecer algún nuevo contacto, no solo para tener otro punto de vista, sino para evitar la posibilidad de filtrar cosas de la entrevista más confidenciales en un descuido.

Una de las cosas importantes en la conversación con el contacto es escuchar entre líneas. La gente es educada y no te va a comentar directamente ciertos temas. Me ha pasado con alguna gente, que luego me han comentado que en ese momento querían dejar la empresa y no me lo habían dicho por no frustrar mis ilusiones. También he vivido casos totalmente opuestos, en los que el contacto parecía que no quisiera que yo entrara en la empresa... Pero, en general, si preguntas correctamente, las respuestas son correctas. Empieza por un "hay rumores en el mercado de que...". Valora la respuesta de tu contacto y haz una buena interpretación.

Imaginemos que la empresa tiene buena reputación en el mercado y tú estás muy ilusionado con este puesto. ¿Y ahora qué? Hay que ser paciente y preparar una buena negociación salarial y otros detalles prácticos y logísticos. Si después de un periodo de tiempo razonable no tienes noticias de la empresa, pongamos como máximo dos o tres semanas, estaría bien que mostraras interés y motivación. Explica de forma educada que a pesar de estar en otros procesos de selección te interesa este puesto especialmente. Agradece siempre el poder haber llegado hasta ahí, la oportunidad prestada. Ten presente que nunca sabrás qué está pasando por detrás, si simplemente no han tenido tiempo de reunirse los que deciden, si te quiere ver algún otro directivo superior, si hay más candidatos, si han tenido experiencias negativas de selección y son particularmente cautos, etc.

Supongamos que te han llaman y te dicen que no eres el candidato escogido. NO pasa nada. Es normal ilusionarse con los puestos de trabajo, pero no debes decepcionarte si te dicen que no. Si pasa esto es porque no encajas en la empresa o en el puesto, o bien porque buscaban unas determinadas aptitudes. He hecho entrevistas a candidatos que no encajaban en un determinado puesto de una determinada empresa en un determinado contexto... ¡pero eran fantásticos! Siempre se busca algo muy específico.

Cuando te lo comuniquen, puedes interesarte por los motivos y ver si puedes aprender algo para futuras entrevistas. Y, desde luego, no te culpabilices, ni te vengas abajo, ni te obsesiones con el porqué.

Una vez hice una entrevista para la fábrica de Mini en Oxford. Recuerdo que los entrevistadores fueron extremadamente educados y amables, y que me sentí muy cómodo. Sin embargo, analizándolo con posterioridad creo que fallé en el momento en que me enseñaron un Mini por dentro. Ellos esperaban un interés por mi parte en detalles técnicos de producto y piezas concretas, sin embargo me dediqué a preguntar de dónde venían los componentes o con qué proveedores trabajaban. Por supuesto, no me dieron el trabajo, pero pienso que en aquel momento no encajaba para aquel puesto tan técnico, buscaba algo más de gestión. Sin darme cuenta, inconscientemente, fui yo mismo el que rechacé el puesto al no mostrar motivación y no entablar una buena conversación técnica de producto. Sin embargo, todavía agradezco aquella entrevista, no solo porque me dio autoestima el hecho de que una empresa tan importante me tratara tan bien, sino porque pude ver por dentro aquella fábrica de Mini tan interesante.

Sí eres tú: los primeros días en el trabajo

Por último, si eres tú el elegido o la elegida, es importante que entres con buen pie en tu nuevo trabajo. Es muy importante que inicialmente evites las críticas a la forma de trabajar de la empresa, aunque sea obvio para ti que se pueden mejorar mucho. Hay que tener el máximo respeto al trabajo de los demás, e incluso, en ocasiones, asumir que el trabajo en dicha empresa tendrá un nivel de excelencia inferior en ciertas áreas. El reto será para ti subir poco a poco dicho nivel, primero a base de observar y aprender, luego de detectar los puntos de mejora y finalmente de aplicar acciones al respecto. Pero tómate tu tiempo, y, sobre todo, pregúntate si tus jefes esperan de ti la mejora de esas áreas o tienes que convivir con esas "imperfecciones".

Cada empresa tiene su grado de madurez. Además, tu visión cambiará cuando lleves más tiempo. A muchos "defectos" no les darás importancia, y otros que eran importantes para la empresa ya los habrás subsanado. Incluso cambiará la forma en que veías tu empresa y te formarás un criterio más objetivo, más funcional.

Otro consejo es que tengas siempre una actitud positiva y que sonrías. Sonríe siempre, aunque te esté costando mucho adaptarte, aunque sea todo nuevo, aunque no tengas todavía apoyos. Tú sonríe. Es muy importante mantener una actitud positiva. Ayuda muchísimo a la integración en la empresa. Ya sé que será agotador, pero haz el esfuerzo. Incluso te pediría que mantengas todo lo que puedas la sonrisa y se convierta en un rasgo distintivo tuyo. Piensa que es muy difícil enderezar un mal comienzo con un colega. Sé prudente y positivo a la hora de crear tus propias alianzas y evita que te clasifiquen.

Hay otro punto muy importante para la adaptación al trabajo nuevo: que cumplas con las expectativas. Se valoran mucho en las empresas los logros pequeños y rápidos. No quiere esto decir que seas demasiado rápido en conseguir resultados, sino en alcanzar pequeños logros que provoquen la satisfacción de tu jefe. Dicho esto, todos tenemos una velocidad en la vida y una capacidad de adaptación y de aprendizaje diferente. En algunas empresas verás el camino más rápido que en otras, y algunas, incluso, te pedirán que vayas más despacio. Eso sí, antes de tres o cuatro meses deberías tener algún reconocimiento.

Por último, permíteme insistir en el mantra de este libro: sé tú mism@ y saca lo mejor de ti, y haz las cosas con la máxima ilusión. Porque hay que ponerle ilusión a la vida incluso cuando las expectativas no se cumplen. Si tienes paciencia e ilusión y eres tú mism@... ¡éxito garantizado!

Conclusiones

Durante la mayor parte del libro me he colocado en un lado del espejo, el del candidato a un puesto de trabajo. Pero es importante saber también cómo se ven las cosas desde el otro lado. Es decir, qué esperan las empresas de los candidatos. Para recabar más información contacté con mi amigo Edwin. Fue una conversación muy interesante, no solo porque aprecio mucho su extrema profesionalidad, sino porque su conocimiento y franqueza son increíbles. Me contó que las empresas no buscan ya más ejecutivos dictadores (si alguna vez lo hicieron), ni alquimistas que salven el barco de hundirse y den beneficios milagrosos, sino GENTE. Las empresas están buscando una buena gestión de la gente. Los valores más buscados hoy en día son empatía y liderazgo, pero auténticos; buscan líderes que marquen la dirección de la empresa a través de la gente. Las empresas ahora se concentran en obtener lo mejor de los equipos y para ello han de contar con los mejores líderes motivacionales.

Edwin me contó también que hoy en día el talento es un diamante difícil de encontrar y que la edad ha dejado de ser un tema a considerar en el reclutamiento de candidatos, para bien de la propia sociedad. La empatía va fuertemente vinculada a la capacidad de comunicación como competencias clave en candidatos. Las empresas quieren líderes con buena comunicación lateral. No pueden sostener los enredos en interno generados por problemas de comunicación en interno. Básicamente quieren que la gente trabaje, no que esté hablando de cómo hacerlo. Aprecian y gratifican el sentido común.

¿Qué te quiero decir con esto? Pues que tu arma principal para conseguir empleo debe ser el autoconocimiento, tener una clara visión de quién eres, de dónde vienes y adónde vas. Esto ayuda muchísimo a darle más velocidad a los cambios y a las búsquedas de empleo.

Te recomiendo ir paso a paso en los procesos descritos en el libro y sobre todo seguir los plazos marcados. Hay gente más rápida que otra en el autoconocimiento o en asimilar el mercado, por ejemplo, así que márcate tu propia velocidad. No obstante, no pierdas demasiado tiempo. Es importante retarse al máximo a uno mismo. Estás escogiendo el camino de tu vida y no quieres perder oportunidades por no dar lo mejor de ti en este proceso.

Recuerdo mi última búsqueda de empleo como algo muy divertido y como un gran aprendizaje (que ha desembocado con los años en la escritura de este libro). Con esto te quiero decir que se puede disfrutar del proceso. No obstante, es seguro que te vas a encontrar el camino lleno de obstáculos y que, a veces, un poco de ayuda en el tema de la autoestima será necesaria, sobre todo si partes de una situación de desempleo. Pide los apoyos que necesites en tu búsqueda y encuentra huecos para el deporte, para el ocio y, sobre todo, para recuperarte del desgaste que representan una mala entrevista o un rechazo.

Busca formas de auto-motivarte, de creer en lo que estás haciendo. Hay una salida después del túnel, estoy seguro, y vas a encontrar trabajo. Pídele más a la vida y lucha por tus objetivos. El ser humano es capaz de todo. Puede parecerte una frase muy obvia, pero estoy convencido de que hay que luchar todos los puntos del partido, como hacen mis ídolos Rafa Nadal y Arancha Sánchez Vicario. Intenta llegar a todas las pelotas y si no llegas, trata de aprender de las derrotas. Yo lo hago, y tú también puedes hacerlo.

Hay que marcarse objetivos en la vida, hay que tener mucho amor propio y luchar por demostrar a los demás lo que vales sin importar si eres hombre o mujer, tu orientación sexual, tu religión o tu lugar de procedencia.

No te limites, ya lo harán los demás. En esos momentos, saca toda tu fuerza interior y demuestra lo que vales. ¡Ánimo!

Agradecimientos

Dedico este libro a todos y cada uno de mis ex compañeros de Benteler Ibérica Holding, con los que compartí ocho maravillosos años de mi vida y a los que llevo en mi corazón.

Gracias a mi madre, a mi hermano y a Javier por estar siempre ahí cuando les necesito. Gracias a Mariajo y la Manu porque sí. Gracias a Pedri, Amparito, Pepelu, Angélica, Rober y Chus, y al resto de mi otra familia (valenciana). Gracias a Alberto, Manoli y Juan y los demás de los desayunos de los domingos, que me dan la vida. Finalmente, gracias a Maite Usón por todo lo que me enseñó sobre búsqueda de empleo y porque siempre, siempre encuentra un momento para hablar conmigo.

Gracias también a todos aquellos que han aportado su experiencia a este libro: Carles, Carme, David, Edwin, Diana, Gizem, Josep, y Alexander y demás mencionados. Por último, pero no por ello menos importante, gracias a Josep López por sus sabios consejos.

Este libro ha sido escrito en un 80% en aviones. Así que debo dar las gracias de corazón a esos pilotos que salen a tiempo, que ganan tiempo de vuelo y se adelantan en el aterrizaje, así como a l@s azafat@s que me han sonreído, me han ayudado cuando he perdido algo, me han dado agua cuando llegaba corriendo de un vuelo transatlántico o me encontraba mal y me han facilitado puertas de embarque entre conexiones. En general, gracias a todos los que hacen la vida más fácil a los que somos viajeros frecuentes. Y especialmente al personal de Air France y KLM, mis favoritas.

El autor

Miguel Brines es Ingeniero industrial y Máster en Dirección de Operaciones por ESADE. Ejecutivo con casi 20 años de experiencia en la industria de la automoción a nivel de *management*. Domina cinco idiomas (inglés, francés, alemán, español y catalán). Cuenta con amplia experiencia en la selección de personal y el *outplacement*, particularmente, en perfiles internacionales. Comparte su experiencia profesional y de *recruitment* a través de su página personal miguelbrines.com.

www.ingramcontent.com/pod-product-compliance
Lightning Source LLC
Chambersburg PA
CBHW071433180526
45170CB00001B/322